Kuchnia z niską zawartością sodu

Książka kucharska dla osób dbających o swoje serce i ciśnienie krwi

Anna Zdrowie

Spis treści

Musztarda Zieloni Sauté 11
Mieszanka Bok Choy 12
Mieszanka zielonej fasoli i bakłażana 13
Mieszanka oliwek i karczochów 14
Dip Kurkuma Papryka 15
Rozprzestrzenianie Soczewicy 16
Prażone Orzechy Włoskie 17
Żurawinowe Kwadraty 18
Batony Kalafiora 19
Miski na migdały i nasiona 20
Czipsy 21
Dip z jarmużu 22
Chipsy Z Buraków 23
Dip z Cukinii 24
Mieszanka nasion i jabłek 25
Pasta z dyni 26
Pasta Szpinakowa 27
Salsa z oliwek i kolendry 28
Dip ze szczypiorku i buraków 29
Ogórkowa salsa 30
Dip z Ciecierzycy 31
Dip z oliwek 32
Kokosowy dip z cebuli 33
Dip z orzeszków piniowych i kokosa 34

Salsa z rukoli i ogórków 35

DIP serowy 36

Paprykowy Dip Jogurtowy 37

Salsa Kalafiorowa 38

Pasta z Krewetek 39

Salsa brzoskwiniowa 40

Chipsy Marchewkowe 41

Ukąszenia szparagów 42

Pieczone Figi Miski 43

Salsa Z Kapusty I Krewetek 44

Kawałki awokado 45

Dip cytrynowy 46

Dip ze słodkich ziemniaków 47

Salsa Z Fasoli 48

Salsa Z Zielonej Fasoli 49

Pasta Marchewkowa 50

Dip Pomidorowy 51

Miski z łososia 52

Salsa Z Pomidorów I Kukurydzy 53

Pieczone Pieczarki 54

Rozprzestrzenianie się Fasoli 55

Salsa z kopru włoskiego 56

Brukselka Gryzie 57

Balsamiczne Orzechy Włoskie 58

Chipsy Z Rzodkiewki 59

Sałatka Z Porów I Krewetek 60

Dip z porów 61

Sałatka Z Papryki ... 62

Pasta z awokado ... 63

DIP kukurydziany ... 64

Batony Fasolowe ... 65

Mieszanka pestek dyni i chipsów jabłkowych ... 66

Dip z pomidorów i jogurtu ... 67

Miski z buraków Cayenne ... 68

Miski z orzechami włoskimi i pekanami ... 69

Pietruszkowe Muffiny Łososiowe ... 70

Piłki do Squasha ... 71

Cheesy Pearl Cebulowe Miski ... 72

Batony brokułowe ... 73

Salsa Z Ananasa I Pomidorów ... 74

Mieszanka z indyka i karczochów ... 76

Mieszanka oregano z indyka ... 77

Pomarańczowy kurczak ... 78

Indyk Czosnkowy I Pieczarki ... 79

Patelnia Z Kurczakiem I Oliwkami ... 80

Balsamiczna mieszanka z indyka i brzoskwiń ... 82

Kokosowy Kurczak I Szpinak ... 83

Mieszanka Kurczaka I Szparagów ... 85

Indyk i Kremowe Brokuły ... 86

Mieszanka zielonej fasoli z kurczakiem i koperkiem ... 87

Kurczak i Chili Cukinia ... 88

Mieszanka z awokado i kurczakiem ... 90

Turcja i Bok Choy ... 91

Mieszanka Kurczaka Z Czerwoną Cebulą ... 92

Gorący indyk i ryż 93

Lemon Por i Kurczak 95

Indyk z mieszanką kapusty włoskiej 96

Kurczak Z Pieczarkami Paprykowymi 98

Sos Z Kurczaka I Musztardy 100

Mieszanka Kurczaka I Selera 101

Limonkowy Indyk Z Młodymi Ziemniakami 103

Kurczak Z Zieloną Musztardą 105

Pieczony Kurczak I Jabłka 107

Kurczak Chipotle 109

Indyk ziołowy 111

Sos Z Kurczaka I Imbiru 113

Kurczak i Kukurydza 114

Curry Turcja i Quinoa 115

Indyk i kminek pasternak 116

Ciecierzyca z indyka i kolendry 117

Indyk Z Fasolą I Oliwkami 119

Quinoa Z Kurczaka I Pomidorów 120

Ziele angielskie Skrzydełka Z Kurczaka 121

Kurczak I Śnieżny Groszek 122

Brokuły z indyka i kminku 123

Goździki Kurczak 124

Kurczak Z Imbirowymi Karczochami 125

Mieszanka indyka i pieprzu 127

Udka z kurczaka i warzywa rozmarynowe 128

Kurczak Z Marchewką I Kapustą 130

Kanapka Z Bakłażanem I Indykiem 131

Proste tortille z indyka i cukinii ... 133
Kurczak Z Papryką I Bakłażanem Pan ... 134
Indyk pieczony w occie balsamicznym ... 135
Mieszanka sera cheddar z indyka ... 136
Parmezan Turcja ... 137
Kremowa Mieszanka Kurczaka I Krewetek ... 138
Mieszanka bazylii z indyka i gorących szparagów ... 139
Mieszanka z indyka nerkowca ... 141
Indyk i jagody ... 142
Pierś z Kurczaka Pięć Przypraw ... 143
Indyk Z Spiced Greens ... 144
Pieczarki Kurczak I Chili ... 145
Chili Kurczak i Pomidory Karczochy ... 146
Mieszanka Kurczaka I Buraków ... 148
Indyk z Sałatką Selerową ... 149
Mieszanka udek z kurczaka i winogron ... 150
Indyk i Cytrynowy Jęczmień ... 151
Indyk Z Mieszanką Buraczków I Rzodkiewek ... 153
Mieszanka wieprzowo-czosnkowa ... 155
Wieprzowina Paprykowa Z Marchewką ... 156
Imbirowa wieprzowina i cebula ... 157
wieprzowina z kminkiem ... 159
Mieszanka wieprzowiny i zieleniny ... 160
Tymiankowa Patelnia Wieprzowa ... 161
Wieprzowina Majeranek I Cukinia ... 163
Przyprawiona Wieprzowina ... 165
Kokosowa Wieprzowina I Seler ... 167

Mieszanka wieprzowiny i pomidorów 168

Szałwiowe Kotlety Wieprzowe 170

Tajska wieprzowina i bakłażan 171

Scallions wieprzowe i limonkowe 173

wieprzowina balsamiczna 174

wieprzowina z pesto 175

Papryka wieprzowa i pietruszka 177

Mieszanka jagnięca z kminkiem 178

Wieprzowina Z Rzodkiewkami I Fasolką Zieloną 179

Jagnięcina z kopru włoskiego i pieczarki 180

Patelnia Wieprzowiny I Szpinaku 181

Wieprzowina Z Awokado 183

Mieszanka wieprzowiny i jabłek 184

Cynamonowe Kotlety Wieprzowe 186

Kokosowe Kotlety Wieprzowe 187

Mieszanka wieprzowa z brzoskwiniami 188

Jagnięcina Kakaowa I Rzodkiewki 189

Cytrynowa wieprzowina i karczochy 191

Wieprzowina Z Sosem Kolendrowym 193

Wieprzowina Z Mango Mix 195

Wieprzowina z rozmarynem i słodkie ziemniaki z cytryną 196

Wieprzowina Z Ciecierzycą 197

Kotleciki jagnięce z jarmużem 198

Jagnięcina Chili 199

Wieprzowina Z Paprykowym Porem 200

Kotlety Schabowe I Śnieżny Groszek 201

Wieprzowina I Miętowa Kukurydza 202

Jagnięcina Koperkowa 203
Ziele angielskie kotlety wieprzowe i oliwki 204
Włoskie kotlety jagnięce 205
Ryż z wieprzowiną i oregano 206
Klopsiki Wieprzowe 207
Wieprzowina i Endywia 208
Wieprzowina I Szczypiorek Rzodkiew 209
Miętowe Klopsiki I Szpinak Sauté 210
Klopsiki I Sos Kokosowy 212
Kurkuma Wieprzowina I Soczewica 214
Smażona Jagnięcina 215
Wieprzowina Z Burakami 216
Jagnięcina I Kapusta 217
Jagnięcina Z Kukurydzą I Okrą 218

Musztarda Zieloni Sauté

Czas przygotowania: 10 minut
Czas gotowania: 12 minut
Porcje: 4

Składniki:
- 6 filiżanek zielonej musztardy
- 2 łyżki oliwy z oliwek
- 2 dymki, posiekane
- ½ szklanki śmietanki kokosowej
- 2 łyżki słodkiej papryki
- Czarny pieprz do smaku

Wskazówki:
1. Rozgrzać patelnię z olejem na średnim ogniu, dodać cebulę, paprykę i czarny pieprz, wymieszać i smażyć przez 3 minuty.
2. Dodaj musztardę i pozostałe składniki, wymieszaj, gotuj jeszcze przez 9 minut, podziel na talerze i podawaj jako dodatek.

Odżywianie: kalorie 163, tłuszcz 14,8, błonnik 4,9, węglowodany 8,3, białko 3,6

Mieszanka Bok Choy

Czas przygotowania: 10 minut
Czas gotowania: 12 minut
Porcje: 4

Składniki:
- 1 łyżka oleju z awokado
- 1 łyżka octu balsamicznego
- 1 żółta cebula, posiekana
- 1 funt bok choy, rozdarty
- 1 łyżeczka kminku, mielonego
- 1 łyżka aminokwasów kokosowych
- ¼ szklanki bulionu warzywnego o niskiej zawartości sodu
- Czarny pieprz do smaku

Wskazówki:
1. Rozgrzać patelnię z olejem na średnim ogniu, dodać cebulę, kminek i czarny pieprz, wymieszać i smażyć przez 3 minuty.
2. Dodaj bok choy i pozostałe składniki, wymieszaj, gotuj jeszcze przez 8-9 minut, podziel na talerze i podawaj jako dodatek.

Odżywianie: kalorie 38, tłuszcz 0,8, błonnik 2, węglowodany 6,5, białko 2,2

Mieszanka zielonej fasoli i bakłażana

Czas przygotowania: 4 minuty
Czas gotowania: 40 minut
Porcje: 4

Składniki:

- 1 funt zielonej fasoli, przyciętej i przekrojonej na pół
- 1 mały bakłażan, pokrojony w duże kawałki
- 1 żółta cebula, posiekana
- 2 łyżki oliwy z oliwek
- 2 łyżki soku z limonki
- 1 łyżeczka wędzonej papryki
- ¼ szklanki bulionu warzywnego o niskiej zawartości sodu
- Czarny pieprz do smaku
- ½ łyżeczki oregano, suszonego

Wskazówki:

1. Na brytfannie wymieszaj fasolkę szparagową z bakłażanem i pozostałymi składnikami, wymieszaj, włóż do piekarnika, piecz w temperaturze 390 stopni F przez 40 minut, podziel na talerze i podawaj jako dodatek.

Odżywianie: kalorie 141, tłuszcz 7,5, błonnik 8,9, węglowodany 19, białko 3,7

Mieszanka oliwek i karczochów

Czas przygotowania: 5 minut
Czas grzania: 0 minut
Porcje: 4

Składniki:
- 10 uncji serc karczochów w puszkach, bez dodatku soli, odsączonych i przekrojonych na pół
- 1 szklanka czarnych oliwek, wypestkowanych i pokrojonych w plastry
- 1 łyżka kaparów, odsączonych
- 1 szklanka zielonych oliwek, wypestkowanych i pokrojonych w plastry
- 1 łyżka natki pietruszki, posiekanej
- Czarny pieprz do smaku
- 2 łyżki oliwy z oliwek
- 2 łyżki octu z czerwonego wina
- 1 łyżka szczypiorku, posiekanego

Wskazówki:
1. W salaterce połącz karczochy z oliwkami i pozostałymi składnikami, wymieszaj i podawaj jako dodatek.

Odżywianie: kalorie 138, tłuszcz 11, błonnik 5,1, węglowodany 10, białko 2,7

Dip Kurkuma Papryka

Czas przygotowania: 4 minuty
Czas gotowania: 0 minut
Porcje: 4

Składniki:
- 1 łyżeczka kurkumy w proszku
- 1 szklanka kremu kokosowego
- 14 uncji czerwonej papryki, bez dodatku soli, posiekanej
- Sok z ½ cytryny
- 1 łyżka szczypiorku, posiekanego

Wskazówki:
1. W blenderze zmiksuj paprykę z kurkumą i pozostałymi składnikami oprócz szczypiorku, zmiksuj pulsacyjnie, przełóż do miseczek i posyp szczypiorkiem jako przekąskę.

Odżywianie: kalorie 183, tłuszcz 14,9, błonnik 3. węglowodany 12,7, białko 3,4

Rozprzestrzenianie Soczewicy

Czas przygotowania: 5 minut
Czas gotowania: 0 minut
Porcje: 4

Składniki:
- 14 uncji soczewicy z puszki, odsączonej, bez dodatku soli, wypłukanej
- Sok z 1 cytryny
- 2 ząbki czosnku, posiekane
- 2 łyżki oliwy z oliwek
- ½ szklanki kolendry, posiekanej

Wskazówki:
1. W blenderze połącz soczewicę z olejem i pozostałymi składnikami, dobrze pulsuj, rozłóż do miseczek i podawaj jako dodatek do przystawek.

Odżywianie: kalorie 416, tłuszcz 8,2, błonnik 30,4, węglowodany 60,4, białko 25,8

Prażone Orzechy Włoskie

Czas przygotowania: 5 minut
Czas gotowania: 15 minut
Porcje: 8

Składniki:
- ½ łyżeczki wędzonej papryki
- ½ łyżeczki chili w proszku
- ½ łyżeczki czosnku w proszku
- 1 łyżka oleju z awokado
- Szczypta pieprzu cayenne
- 14 uncji orzechów włoskich

Wskazówki:
1. Rozłóż orzechy włoskie na blasze wyłożonej papierem do pieczenia, dodaj paprykę i pozostałe składniki, wymieszaj i piecz w temperaturze 410 stopni F przez 15 minut.
2. Rozłóż do miseczek i podawaj jako przekąskę.

Odżywianie: kalorie 311, tłuszcz 29,6, błonnik 3,6, węglowodany 5,3, białko 12

Żurawinowe Kwadraty

Czas przygotowania: 3 godziny i 5 minut

Czas gotowania: 0 minut
Porcje: 4

Składniki:
- 2 uncje śmietanki kokosowej
- 2 łyżki płatków owsianych
- 2 łyżki wiórków kokosowych, posiekanych
- 1 szklanka żurawiny

Wskazówki:
1. W blenderze połącz płatki owsiane z żurawiną i innymi składnikami, dobrze pulsuj i rozłóż na kwadratowej patelni.

Pokroić na kwadraty i przechowywać w lodówce przez 3 godziny przed podaniem.

Odżywianie: kalorie 66, tłuszcz 4,4, błonnik 1,8, węglowodany 5,4, białko 0,8

Batony Kalafiora

Czas przygotowania: 10 minut
Czas gotowania: 30 minut
Porcje: 8

Składniki:
- 2 szklanki mąki pełnoziarnistej
- 2 łyżeczki proszku do pieczenia
- Szczypta czarnego pieprzu
- 2 jajka, roztrzepane
- 1 szklanka mleka migdałowego
- 1 szklanka różyczek kalafiora, posiekanych
- ½ szklanki niskotłuszczowego sera cheddar, posiekanego

Wskazówki:
1. W misce połącz mąkę z kalafiorem i pozostałymi składnikami i dobrze wymieszaj.
2. Rozłóż na blasze do pieczenia, włóż do piekarnika, piecz w temperaturze 400 stopni F przez 30 minut, pokrój w batony i podawaj jako przekąskę.

Odżywianie: kalorie 430, tłuszcz 18,1, błonnik 3,7, węglowodany 54, białko 14,5

Miski na migdały i nasiona

Czas przygotowania: 5 minut
Czas gotowania: 10 minut
Porcje: 4

Składniki:
- 2 szklanki migdałów
- ¼ szklanki kokosa, posiekanego
- 1 mango, obrane i pokrojone w kostkę
- 1 szklanka nasion słonecznika
- Spray do gotowania

Wskazówki:
1. Rozłóż migdały, kokos, mango i nasiona słonecznika na blasze do pieczenia, posmaruj sprayem do gotowania, wymieszaj i piecz w temperaturze 400 stopni F przez 10 minut.
2. Rozłóż do miseczek i podawaj jako przekąskę.

Odżywianie: kalorie 411, tłuszcz 31,8, błonnik 8,7, węglowodany 25,8, białko 13,3

Czipsy

Czas przygotowania: 10 minut
Czas gotowania: 20 minut
Porcje: 4

Składniki:
- 4 złote ziemniaki, obrane i pokrojone w cienkie plasterki
- 2 łyżki oliwy z oliwek
- 1 łyżka chili w proszku
- 1 łyżeczka słodkiej papryki
- 1 łyżka szczypiorku, posiekanego

Wskazówki:
1. Rozłóż chipsy na wyłożonej blachą do pieczenia, dodaj olej i pozostałe składniki, wymieszaj, włóż do piekarnika i piecz w temperaturze 390 stopni F przez 20 minut.
2. Rozłóż do miseczek i podawaj.

Odżywianie: kalorie 118, tłuszcz 7,4, błonnik 2,9, węglowodany 13,4, białko 1,3

Dip z jarmużu

Czas przygotowania: 10 minut
Czas gotowania: 20 minut
Porcje: 4

Składniki:
- 1 pęczek liści jarmużu
- 1 szklanka kremu kokosowego
- 1 szalotka, posiekana
- 1 łyżka oliwy z oliwek
- 1 łyżeczka chili w proszku
- Szczypta czarnego pieprzu

Wskazówki:
1. Rozgrzej patelnię z olejem na średnim ogniu, dodaj szalotki, wymieszaj i smaż przez 4 minuty.
2. Dodać jarmuż i pozostałe składniki, doprowadzić do wrzenia i gotować na średnim ogniu przez 16 minut.
3. Zmiksować blenderem zanurzeniowym, rozłożyć do miseczek i podawać jako przekąskę.

Odżywianie: kalorie 188, tłuszcz 17,9, błonnik 2,1, węglowodany 7,6, białko 2,5

Chipsy Z Buraków

Czas przygotowania: 10 minut
Czas gotowania: 35 minut
Porcje: 4

Składniki:
- 2 buraki, obrane i pokrojone w cienkie plasterki
- 1 łyżka oleju z awokado
- 1 łyżeczka kminku, mielonego
- 1 łyżeczka nasion kopru włoskiego, rozgniecionych
- 2 łyżeczki czosnku, posiekanego

Wskazówki:
1. Rozłóż chipsy buraczane na blasze wyłożonej papierem do pieczenia, dodaj olej i pozostałe składniki, wymieszaj, włóż do piekarnika i piecz w temperaturze 400 stopni F przez 35 minut.
2. Rozłóż do miseczek i podawaj jako przekąskę.

Odżywianie: kalorie 32, tłuszcz 0,7, błonnik 1,4, węglowodany 6,1, białko 1,1

Dip z Cukinii

Czas przygotowania: 5 minut
Czas gotowania: 10 minut
Porcje: 4

Składniki:
- ½ szklanki beztłuszczowego jogurtu
- 2 cukinie, posiekane
- 1 łyżka oliwy z oliwek
- 2 dymki, posiekane
- ¼ szklanki bulionu warzywnego o niskiej zawartości sodu
- 2 ząbki czosnku, posiekane
- 1 łyżka koperku, posiekanego
- Szczypta gałki muszkatołowej, mielonej

Wskazówki:
1. Rozgrzać patelnię z olejem na średnim ogniu, dodać cebulę i czosnek, wymieszać i smażyć przez 3 minuty.
2. Dodać cukinię i pozostałe składniki oprócz jogurtu, wymieszać, gotować jeszcze 7 minut i zdjąć z ognia.
3. Dodać jogurt, zmiksować blenderem zanurzeniowym, rozłożyć do miseczek i podawać.

Odżywianie: kalorie 76, tłuszcz 4,1, błonnik 1,5, węglowodany 7,2, białko 3,4

Mieszanka nasion i jabłek

Czas przygotowania: 10 minut
Czas gotowania: 20 minut
Porcje: 4

Składniki:
- 2 łyżki oliwy z oliwek
- 1 łyżeczka wędzonej papryki
- 1 szklanka nasion słonecznika
- 1 szklanka nasion chia
- 2 jabłka, pozbawione gniazd nasiennych i pokrojone w ósemki
- ½ łyżeczki kminku, mielonego
- Szczypta pieprzu cayenne

Wskazówki:
1. W misce połącz nasiona z jabłkami i pozostałymi składnikami, wymieszaj, rozłóż na wyłożonej papierem blasze, włóż do piekarnika i piecz w temperaturze 350 stopni F przez 20 minut.
2. Rozłóż do miseczek i podawaj jako przekąskę.

Odżywianie: kalorie 222, tłuszcz 15,4, błonnik 6,4, węglowodany 21,1, białko 4

Pasta z dyni

Czas przygotowania: 5 minut
Czas gotowania: 0 minut
Porcje: 4

Składniki:
- 2 szklanki miąższu dyni
- ½ szklanki pestek dyni
- 1 łyżka soku z cytryny
- 1 łyżka pasty sezamowej
- 1 łyżka oliwy z oliwek

Wskazówki:
1. W blenderze połącz dynię z pestkami i pozostałymi składnikami, dobrze pulsuj, rozłóż do miseczek i podawaj na imprezę.

Odżywianie: kalorie 162, tłuszcz 12,7, błonnik 2,3, węglowodany 9,7, białko 5,5

Pasta Szpinakowa

Czas przygotowania: 10 minut
Czas gotowania: 20 minut
Porcje: 4

Składniki:
- 1 funt szpinaku, posiekany
- 1 szklanka kremu kokosowego
- 1 szklanka niskotłuszczowej mozzarelli, posiekanej
- Szczypta czarnego pieprzu
- 1 łyżka koperku, posiekanego

Wskazówki:
1. W naczyniu do pieczenia połącz szpinak ze śmietaną i pozostałymi składnikami, dobrze wymieszaj, włóż do piekarnika i piecz w temperaturze 400 stopni F przez 20 minut.
2. Rozłóż do miseczek i podawaj.

Odżywianie: kalorie 186, tłuszcz 14,8, błonnik 4,4, węglowodany 8,4, białko 8,8

Salsa z oliwek i kolendry

Czas przygotowania: 5 minut
Czas gotowania: 0 minut
Porcje: 4

Składniki:
- 1 czerwona cebula, posiekana
- 1 szklanka czarnych oliwek, bez pestek i przekrojonych na pół
- 1 ogórek pokrojony w kostkę
- ¼ szklanki kolendry, posiekanej
- Szczypta czarnego pieprzu
- 2 łyżki soku z limonki

Wskazówki:
1. W misce wymieszaj oliwki z ogórkiem i resztą składników, wymieszaj i podawaj na zimno jako przekąskę.

Odżywianie: kalorie 64, tłuszcz 3,7, błonnik 2,1, węglowodany 8,4, białko 1,1

Dip ze szczypiorku i buraków

Czas przygotowania: 5 minut
Czas gotowania: 25 minut
Porcje: 4

Składniki:
- 2 łyżki oliwy z oliwek
- 1 czerwona cebula, posiekana
- 2 łyżki szczypiorku, posiekanego
- Szczypta czarnego pieprzu
- 1 burak, obrany i pokrojony
- 8 uncji niskotłuszczowego sera śmietankowego
- 1 szklanka kremu kokosowego

Wskazówki:
1. Rozgrzej patelnię z olejem na średnim ogniu, dodaj cebulę i smaż przez 5 minut.
2. Dodaj pozostałe składniki i gotuj wszystko jeszcze przez 20 minut, często mieszając.
3. Przenieś mieszankę do blendera, dobrze pulsuj, podziel na miski i podawaj.

Odżywianie: kalorie 418, tłuszcz 41,2, błonnik 2,5, węglowodany 10, białko 6,4

Ogórkowa salsa

Czas przygotowania: 5 minut
Czas gotowania: 0 minut
Porcje: 4

Składniki:
- 1 funt ogórków pokrojonych w kostkę
- 1 awokado, obrane, pozbawione pestek i pokrojone w kostkę
- 1 łyżka kaparów, odsączonych
- 1 łyżka szczypiorku, posiekanego
- 1 mała czerwona cebula, pokrojona w kostkę
- 1 łyżka oliwy z oliwek
- 1 łyżka octu balsamicznego

Wskazówki:
1. W misce połącz ogórki z awokado i pozostałymi składnikami, wymieszaj, podziel na małe filiżanki i podawaj.

Odżywianie: kalorie 132, tłuszcz 4,4, błonnik 4, węglowodany 11,6, białko 4,5

Dip z Ciecierzycy

Czas przygotowania: 5 minut
Czas gotowania: 0 minut
Porcje: 4

Składniki:
- 1 łyżka oliwy z oliwek
- 1 łyżka soku z cytryny
- 1 łyżka pasty sezamowej
- 2 łyżki szczypiorku, posiekanego
- 2 dymki, posiekane
- 2 szklanki ciecierzycy z puszki, bez dodatku soli, odsączonej i opłukanej

Wskazówki:
1. W blenderze połącz ciecierzycę z olejem i pozostałymi składnikami oprócz szczypiorku, zmiksuj pulsacyjnie, przełóż do miseczek, posyp szczypiorkiem i podawaj.

Odżywianie: kalorie 280, tłuszcz 13,3, błonnik 5,5, węglowodany 14,8, białko 6,2

Dip z oliwek

Czas przygotowania: 4 minuty
Czas gotowania: 0 minut
Porcje: 4

Składniki:
- 2 szklanki czarnych oliwek, bez pestek i posiekanych
- 1 szklanka mięty, posiekanej
- 2 łyżki oleju z awokado
- ½ szklanki śmietanki kokosowej
- ¼ szklanki soku z limonki
- Szczypta czarnego pieprzu

Wskazówki:
1. W blenderze połącz oliwki z miętą i pozostałymi składnikami, dobrze pulsuj, podziel na miski i podawaj.

Odżywianie: kalorie 287, tłuszcz 13,3, błonnik 4,7, węglowodany 17,4, białko 2,4

Kokosowy dip z cebuli

Czas przygotowania: 5 minut
Czas gotowania: 0 minut
Porcje: 4

Składniki:
- 4 dymki, posiekane
- 1 szalotka, posiekana
- 1 łyżka soku z limonki
- Szczypta czarnego pieprzu
- 2 uncje niskotłuszczowego sera mozzarella, rozdrobnionego
- 1 szklanka kremu kokosowego
- 1 łyżka natki pietruszki, posiekanej

Wskazówki:
1. W blenderze połącz dymkę z szalotką i pozostałymi składnikami, dobrze pulsuj, rozłóż do miseczek i podawaj jako dip na imprezę.

Odżywianie: kalorie 271, tłuszcz 15,3, błonnik 5, węglowodany 15,9, białko 6,9

Dip z orzeszków piniowych i kokosa

Czas przygotowania: 5 minut
Czas gotowania: 0 minut
Porcje: 4

Składniki:
- 8 uncji śmietanki kokosowej
- 1 łyżka orzeszków piniowych, posiekanych
- 2 łyżki natki pietruszki, posiekanej
- Szczypta czarnego pieprzu

Wskazówki:
1. W misce połączyć śmietanę z orzeszkami pinii i resztą składników, dobrze wymieszać, rozłożyć do miseczek i podawać.

Odżywianie: kalorie 281, tłuszcz 13, błonnik 4,8, węglowodany 16, białko 3,56

Salsa z rukoli i ogórków

Czas przygotowania: 5 minut
Czas gotowania: 0 minut
Porcje: 4

Składniki:
- 4 szalotki, posiekane
- 2 pomidory, pokrojone w kostkę
- 4 ogórki pokrojone w kostkę
- 1 łyżka octu balsamicznego
- 1 szklanka liści rukoli baby
- 2 łyżki soku z cytryny
- 2 łyżki oliwy z oliwek
- Szczypta czarnego pieprzu

Wskazówki:
1. W misce połącz szalotki z pomidorami i pozostałymi składnikami, wymieszaj, podziel na małe miseczki i podawaj jako przekąskę.

Odżywianie: kalorie 139, tłuszcz 3,8, błonnik 4,5, węglowodany 14, białko 5,4

DIP serowy

Czas przygotowania: 5 minut
Czas gotowania: 0 minut
Porcje: 6

Składniki:
- 1 łyżka posiekanej mięty
- 1 łyżka oregano, posiekanego
- 10 uncji beztłuszczowego sera śmietankowego
- ½ szklanki imbiru, pokrojonego
- 2 łyżki aminokwasów kokosowych

Wskazówki:
1. W blenderze połącz ser śmietankowy z imbirem i innymi składnikami, dobrze pulsuj, podziel na małe filiżanki i podawaj.

Odżywianie: kalorie 388, tłuszcz 15,4, błonnik 6, węglowodany 14,3, białko 6

Paprykowy Dip Jogurtowy

Czas przygotowania: 5 minut
Czas gotowania: 0 minut
Porcje: 4

Składniki:
- 3 szklanki beztłuszczowego jogurtu
- 2 dymki, posiekane
- 1 łyżeczka słodkiej papryki
- ¼ szklanki migdałów, posiekanych
- ¼ szklanki koperku, posiekanego

Wskazówki:
1. W misce połączyć jogurt z cebulą i pozostałymi składnikami, wymieszać, rozłożyć do miseczek i podawać.

Odżywianie: kalorie 181, tłuszcz 12,2, błonnik 6, węglowodany 14,1, białko 7

Salsa Kalafiorowa

Czas przygotowania: 5 minut
Czas gotowania: 0 minut
Porcje: 4

Składniki:
- 1 funtowe różyczki kalafiora, blanszowane
- 1 szklanka oliwek kalamata, wypestkowanych i przekrojonych na pół
- 1 szklanka pomidorków koktajlowych, przekrojonych na pół
- 1 łyżka oliwy z oliwek
- 1 łyżka soku z limonki
- Szczypta czarnego pieprzu

Wskazówki:
1. W misce połącz kalafior z oliwkami i pozostałymi składnikami, wymieszaj i podawaj.

Odżywianie: kalorie 139, tłuszcz 4, błonnik 3,6, węglowodany 5,5, białko 3,4

Pasta z Krewetek

Czas przygotowania: 5 minut
Czas gotowania: 0 minut
Porcje: 4

Składniki:
- 8 uncji śmietanki kokosowej
- 1 funt krewetek, ugotowanych, obranych, pozbawionych żyłek i posiekanych
- 2 łyżki koperku, posiekanego
- 2 dymki, posiekane
- 1 łyżka kolendry, posiekanej
- Szczypta czarnego pieprzu

Wskazówki:
1. W misce połącz krewetki ze śmietaną i pozostałymi składnikami, wymieszaj i podawaj jako dodatek na imprezę.

Odżywianie: kalorie 362, tłuszcz 14,3, błonnik 6, węglowodany 14,6, białko 5,9

Salsa brzoskwiniowa

Czas przygotowania: 4 minuty
Czas gotowania: 0 minut
Porcje: 4

Składniki:

- 4 brzoskwinie, usunięte pestki i pokrojone w kostkę
- 1 szklanka oliwek kalamata, wypestkowanych i przekrojonych na pół
- 1 awokado, bez pestki, obrane i pokrojone w kostkę
- 1 szklanka pomidorków koktajlowych, przekrojonych na pół
- 1 łyżka oliwy z oliwek
- 1 łyżka soku z limonki
- 1 łyżka kolendry, posiekanej

Wskazówki:
1. W misce połącz brzoskwinie z oliwkami i pozostałymi składnikami, dobrze wymieszaj i podawaj na zimno.

Odżywianie: kalorie 200, tłuszcz 7,5, błonnik 5, węglowodany 13,3, białko 4,9

Chipsy Marchewkowe

Czas przygotowania: 10 minut
Czas gotowania: 20 minut
Porcje: 4

Składniki:
- 4 marchewki, cienko pokrojone
- 2 łyżki oliwy z oliwek
- Szczypta czarnego pieprzu
- 1 łyżeczka słodkiej papryki
- ½ łyżeczki kurkumy w proszku
- Szczypta płatków czerwonej papryki

Wskazówki:
1. W misce połącz chipsy z marchwi z olejem i pozostałymi składnikami i wymieszaj.
2. Rozłóż chipsy na wyłożonej blachą do pieczenia, piecz w temperaturze 400 stopni F przez 25 minut, podziel na miski i podawaj jako przekąskę.

Odżywianie: kalorie 180, tłuszcz 3, błonnik 3,3, węglowodany 5,8, białko 1,3

Ukąszenia szparagów

Czas przygotowania: 4 minuty
Czas gotowania: 20 minut
Porcje: 4

Składniki:
- 2 łyżki oleju kokosowego, roztopionego
- 1 funt szparagów, przyciętych i przekrojonych na pół
- 1 łyżeczka czosnku w proszku
- 1 łyżeczka rozmarynu, suszonego
- 1 łyżeczka chili w proszku

Wskazówki:
1. W misce wymieszaj szparagi z olejem i pozostałymi składnikami, wymieszaj, rozłóż na wyłożonej papierem blasze i piecz w temperaturze 400 stopni F przez 20 minut.
2. Rozłóż do miseczek i podawaj na zimno jako przekąskę.

Odżywianie: kalorie 170, tłuszcz 4,3, błonnik 4, węglowodany 7, białko 4,5

Pieczone Figi Miski

Czas przygotowania: 4 minuty
Czas gotowania: 12 minut
Porcje: 4

Składniki:
- 8 fig, przekrojonych na pół
- 1 łyżka oleju z awokado
- 1 łyżeczka gałki muszkatołowej, mielonej

Wskazówki:
1. Na patelni do pieczenia połącz figi z olejem i gałką muszkatołową, wymieszaj i piecz w temperaturze 400 stopni F przez 12 minut.
2. Rozłóż figi do małych miseczek i podawaj jako przekąskę.

Odżywianie: kalorie 180, tłuszcz 4,3, błonnik 2, węglowodany 2, białko 3,2

Salsa Z Kapusty I Krewetek

Czas przygotowania: 5 minut
Czas gotowania: 6 minut
Porcje: 4

Składniki:

- 2 szklanki czerwonej kapusty, poszatkowanej
- 1 funt krewetek, obranych i pozbawionych żyłek
- 1 łyżka oliwy z oliwek
- Szczypta czarnego pieprzu
- 2 dymki, posiekane
- 1 szklanka pomidorów, pokrojonych w kostkę
- ½ łyżeczki czosnku w proszku

Wskazówki:

1. Rozgrzej patelnię z olejem na średnim ogniu, dodaj krewetki, wymieszaj i smaż przez 3 minuty z każdej strony.
2. W misce połącz kapustę z krewetkami i pozostałymi składnikami, wymieszaj, podziel na małe miseczki i podawaj.

Odżywianie: kalorie 225, tłuszcz 9,7, błonnik 5,1, węglowodany 11,4, białko 4,5

Kawałki awokado

Czas przygotowania: 5 minut
Czas gotowania: 10 minut
Porcje: 4

Składniki:
- 2 awokado, obrane, pozbawione pestek i pokrojone w ósemki
- 1 łyżka oleju z awokado
- 1 łyżka soku z limonki
- 1 łyżeczka kolendry, mielonej

Wskazówki:
1. Rozłóż kawałki awokado na wyłożonej blachą do pieczenia, dodaj olej i pozostałe składniki, wymieszaj i piecz w temperaturze 300 stopni F przez 10 minut.
2. Rozlej do pucharków i podawaj jako przekąskę.

Odżywianie: kalorie 212, tłuszcz 20,1, błonnik 6,9, węglowodany 9,8, białko 2

Dip cytrynowy

Czas przygotowania: 4 minuty
Czas gotowania: 0 minut
Porcje: 4

Składniki:

- 1 szklanka niskotłuszczowego sera śmietankowego
- Czarny pieprz do smaku
- ½ szklanki soku z cytryny
- 1 łyżka kolendry, posiekanej
- 3 ząbki czosnku, posiekane

Wskazówki:

1. W robocie kuchennym wymieszaj ser śmietankowy z sokiem z cytryny i innymi składnikami, dobrze pulsuj, podziel na miseczki i podawaj.

Odżywianie: kalorie 213, tłuszcz 20,5, błonnik 0,2, węglowodany 2,8, białko 4,8

Dip ze słodkich ziemniaków

Czas przygotowania: 10 minut
Czas gotowania: 40 minut
Porcje: 4

Składniki:
- 1 szklanka słodkich ziemniaków, obranych i pokrojonych w kostkę
- 1 łyżka niskosodowego bulionu warzywnego
- Spray do gotowania
- 2 łyżki śmietanki kokosowej
- 2 łyżeczki rozmarynu, suszonego
- Czarny pieprz do smaku

Wskazówki:
1. W brytfannie połącz ziemniaki z bulionem i pozostałymi składnikami, wymieszaj, piecz w temperaturze 365 stopni F przez 40 minut, przełóż do blendera, dobrze pulsuj, podziel na małe miseczki i podawaj

Odżywianie: kalorie 65, tłuszcz 2,1, błonnik 2, węglowodany 11,3, białko 0,8

Salsa Z Fasoli

Czas przygotowania: 5 minut
Czas gotowania: 0 minut
Porcje: 4

Składniki:

- 1 szklanka czarnej fasoli z puszki, bez dodatku soli, odsączonej
- 1 szklanka czerwonej fasoli z puszki, bez dodatku soli, odsączonej
- 1 łyżeczka octu balsamicznego
- 1 szklanka pomidorków koktajlowych, pokrojonych w kostkę
- 1 łyżka oliwy z oliwek
- 2 szalotki, posiekane

Wskazówki:

1. W misce połącz fasolę z octem i innymi składnikami, wymieszaj i podawaj jako przekąskę na imprezę.

Odżywianie: kalorie 362, tłuszcz 4,8, błonnik 14,9, węglowodany 61, białko 21,4

Salsa Z Zielonej Fasoli

Czas przygotowania: 10 minut
Czas gotowania: 10 minut
Porcje: 4

Składniki:
- 1 funt zielonej fasoli, przyciętej i przekrojonej na pół
- 1 łyżka oliwy z oliwek
- 2 łyżeczki kaparów, odsączonych
- 6 uncji zielonych oliwek, bez pestek i pokrojonych w plasterki
- 4 ząbki czosnku, posiekane
- 1 łyżka soku z limonki
- 1 łyżka oregano, posiekanego
- Czarny pieprz do smaku

Wskazówki:
1. Rozgrzej patelnię z olejem na średnim ogniu, dodaj czosnek i zieloną fasolkę, wymieszaj i smaż przez 3 minuty.
2. Dodaj pozostałe składniki, wymieszaj, gotuj jeszcze 7 minut, rozlej do małych filiżanek i podawaj na zimno.

Odżywianie: kalorie 111, tłuszcz 6,7, błonnik 5,6, węglowodany 13,2, białko 2,9

Pasta Marchewkowa

Czas przygotowania: 10 minut
Czas gotowania: 30 minut
Porcje: 4

Składniki:
- 1 funt marchwi, obranej i pokrojonej
- ½ szklanki orzechów włoskich, posiekanych
- 2 szklanki bulionu warzywnego o niskiej zawartości sodu
- 1 szklanka kremu kokosowego
- 1 łyżka rozmarynu, posiekanego
- 1 łyżeczka czosnku w proszku
- ¼ łyżeczki wędzonej papryki

Wskazówki:
1. W małym rondelku wymieszaj marchewkę z bulionem, orzechami włoskimi i pozostałymi składnikami oprócz śmietany i rozmarynu, wymieszaj, zagotuj na średnim ogniu, gotuj przez 30 minut, odcedź i przełóż do blendera.
2. Dodać śmietanę, dobrze wymieszać, rozłożyć do miseczek, posypać rozmarynem i podawać.

Odżywianie: kalorie 201, tłuszcz 8,7, błonnik 3,4, węglowodany 7,8, białko 7,7

Dip Pomidorowy

Czas przygotowania: 10 minut
Czas gotowania: 10 minut
Porcje: 4

Składniki:
- 1 funt pomidorów, obranych i posiekanych
- ½ szklanki czosnku, posiekanego
- 2 łyżki oliwy z oliwek
- Szczypta czarnego pieprzu
- 2 szalotki, posiekane
- 1 łyżeczka suszonego tymianku

Wskazówki:
1. Rozgrzać patelnię z olejem na średnim ogniu, dodać czosnek i szalotki, wymieszać i smażyć przez 2 minuty.
2. Dodać pomidory i pozostałe składniki, gotować jeszcze 8 minut i przełożyć do blendera.
3. Dobrze pulsuj, podziel na małe filiżanki i podawaj jako przekąskę.

Odżywianie: kalorie 232, tłuszcz 11,3, błonnik 3,9, węglowodany 7,9, białko 4,5

Miski z łososia

Czas przygotowania: 10 minut
Czas gotowania: 0 minut
Porcje: 6

Składniki:
- 1 łyżka oleju z awokado
- 1 łyżka octu balsamicznego
- ½ łyżeczki oregano, suszonego
- 1 szklanka wędzonego łososia, bez dodatku soli, bez kości, bez skóry i pokrojona w kostkę
- 1 szklanka salsy
- 4 szklanki szpinaku baby

Wskazówki:
1. W misce połącz łososia z salsą i pozostałymi składnikami, wymieszaj, podziel na małe filiżanki i podawaj.

Odżywianie: kalorie 281, tłuszcz 14,4, błonnik 7,4, węglowodany 18,7, białko 7,4

Salsa Z Pomidorów I Kukurydzy

Czas przygotowania: 4 minuty
Czas gotowania: 0 minut
Porcje: 4

Składniki:
- 3 szklanki kukurydzy
- 2 szklanki pomidorów, pokrojonych w kostkę
- 2 zielone cebule, posiekane
- 2 łyżki oliwy z oliwek
- 1 czerwona papryczka chili, posiekana
- ½ łyżki szczypiorku, posiekanego

Wskazówki:
1. W salaterce wymieszaj pomidory z kukurydzą i pozostałymi składnikami, wymieszaj i podawaj na zimno jako przekąskę.

Odżywianie: kalorie 178, tłuszcz 8,6, błonnik 4,5, węglowodany 25,9, białko 4,7

Pieczone Pieczarki

Czas przygotowania: 10 minut
Czas gotowania: 25 minut
Porcje: 4

Składniki:
- 1 funtowe małe kapelusze pieczarek
- 2 łyżki oliwy z oliwek
- 1 łyżka szczypiorku, posiekanego
- 1 łyżka rozmarynu, posiekanego
- Czarny pieprz do smaku

Wskazówki:
1. Włóż grzyby do brytfanny, dodaj olej i pozostałe składniki, wymieszaj, piecz w 400 stopniach przez 25 minut, rozłóż do miseczek i podawaj jako przekąskę.

Odżywianie: kalorie 215, tłuszcz 12,3, błonnik 6,7, węglowodany 15,3, białko 3,5

Rozprzestrzenianie się Fasoli

Czas przygotowania: 5 minut
Czas gotowania: 0 minut
Porcje: 4

Składniki:
- ½ szklanki śmietanki kokosowej
- 1 łyżka oliwy z oliwek
- 2 szklanki czarnej fasoli z puszki, bez dodatku soli, odsączonej i wypłukanej
- 2 łyżki zielonej cebuli, posiekanej

Wskazówki:
1. W blenderze połącz fasolę ze śmietaną i innymi składnikami, dobrze pulsuj, podziel na miski i podawaj.

Odżywianie: kalorie 311, tłuszcz 13,5, błonnik 6, węglowodany 18,0, białko 8

Salsa z kopru włoskiego

Czas przygotowania: 5 minut
Czas gotowania: 0 minut
Porcje: 4

Składniki:

- 2 dymki, posiekane
- 2 bulwy kopru włoskiego, posiekane
- 1 zielona papryczka chilli, posiekana
- 1 pomidor, posiekany
- 1 łyżeczka kurkumy w proszku
- 1 łyżeczka soku z limonki
- 2 łyżki kolendry, posiekanej
- Czarny pieprz do smaku

Wskazówki:

1. W salaterce wymieszaj koper włoski z cebulą i pozostałymi składnikami, wymieszaj, podziel na filiżanki i podawaj.

Odżywianie: kalorie 310, tłuszcz 11,5, błonnik 5,1, węglowodany 22,3, białko 6,5

Brukselka Gryzie

Czas przygotowania: 10 minut
Czas gotowania: 25 minut
Porcje: 4

Składniki:
- 1 funt brukselki, przycięte i przekrojone na pół
- 2 łyżki oliwy z oliwek
- 1 łyżka kminku, mielonego
- 1 szklanka koperku, posiekanego
- 2 ząbki czosnku, posiekane

Wskazówki:
1. Na brytfannie połącz brukselkę z olejem i pozostałymi składnikami, wymieszaj i piecz w temperaturze 390 stopni F przez 25 minut.
2. Rozłóż kiełki do miseczek i podawaj jako przekąskę.

Odżywianie: kalorie 270, tłuszcz 10,3, błonnik 5,2, węglowodany 11,1, białko 6

Balsamiczne Orzechy Włoskie

Czas przygotowania: 10 minut
Czas gotowania: 15 minut
Porcje: 4

Składniki:
- 2 szklanki orzechów włoskich
- 3 łyżki czerwonego octu
- Odrobina oliwy z oliwek
- Szczypta pieprzu cayenne
- Szczypta płatków czerwonej papryki
- Czarny pieprz do smaku

Wskazówki:
1. Rozłóż orzechy włoskie na wyłożonej blachą do pieczenia, dodaj ocet i pozostałe składniki, wymieszaj i piecz w temperaturze 400 stopni F przez 15 minut.
2. Orzechy włoskie rozłożyć do miseczek i podawać.

Odżywianie: kalorie 280, tłuszcz 12,2, błonnik 2, węglowodany 15,8, białko 6

Chipsy Z Rzodkiewki

Czas przygotowania: 10 minut
Czas gotowania: 20 minut
Porcje: 4

Składniki:
- 1 funt rzodkiewki, cienko pokrojone
- Szczypta kurkumy w proszku
- Czarny pieprz do smaku
- 2 łyżki oliwy z oliwek

Wskazówki:
1. Rozłóż chipsy rzodkiewki na wyłożonej blachą do pieczenia, dodaj olej i pozostałe składniki, wymieszaj i piecz w temperaturze 400 stopni F przez 20 minut.
2. Rozłóż chipsy do miseczek i podawaj.

Odżywianie: kalorie 120, tłuszcz 8,3, błonnik 1, węglowodany 3,8, białko 6

Sałatka Z Porów I Krewetek

Czas przygotowania: 4 minuty
Czas gotowania: 0 minut
Porcje: 4

Składniki:

- 2 pory, pokrojone w plasterki
- 1 szklanka kolendry, posiekanej
- 1 funt krewetek, obranych, pozbawionych żyłek i ugotowanych
- Sok z 1 limonki
- 1 łyżka startej skórki z limonki
- 1 szklanka pomidorków koktajlowych, przekrojonych na pół
- 2 łyżki oliwy z oliwek
- Sól i czarny pieprz do smaku

Wskazówki:

1. W salaterce wymieszaj krewetki z porami i pozostałymi składnikami, wymieszaj, podziel na małe filiżanki i podawaj.

Odżywianie: kalorie 280, tłuszcz 9,1, błonnik 5,2, węglowodany 12,6, białko 5

Dip z porów

Czas przygotowania: 5 minut
Czas gotowania: 0 minut
Porcje: 4

Składniki:

- 1 łyżka soku z cytryny
- ½ szklanki niskotłuszczowego sera śmietankowego
- 2 łyżki oliwy z oliwek
- Czarny pieprz do smaku
- 4 pory, posiekane
- 1 łyżka kolendry, posiekanej

Wskazówki:

1. W blenderze połącz ser śmietankowy z porami i pozostałymi składnikami, zmiksuj pulsacyjnie, rozłóż do miseczek i podawaj jako dip na imprezę.

Odżywianie: kalorie 300, tłuszcz 12,2, błonnik 7,6, węglowodany 14,7, białko 5,6

Sałatka Z Papryki

Czas przygotowania: 5 minut
Czas gotowania: 0 minut
Porcje: 4

Składniki:
- ½ funta czerwonej papryki, pokrojonej w cienkie paski
- 3 zielone cebule, posiekane
- 1 łyżka oliwy z oliwek
- 2 łyżeczki imbiru, startego
- ½ łyżeczki rozmarynu, suszonego
- 3 łyżki octu balsamicznego

Wskazówki:
1. W salaterce wymieszaj paprykę z cebulą i pozostałymi składnikami, wymieszaj, podziel na małe filiżanki i podawaj.

Odżywianie: kalorie 160, tłuszcz 6, błonnik 3, węglowodany 10,9, białko 5,2

Pasta z awokado

Czas przygotowania: 4 minuty
Czas gotowania: 0 minut
Porcje: 4

Składniki:
- 2 łyżki koperku, posiekanego
- 1 szalotka, posiekana
- 2 ząbki czosnku, posiekane
- 2 awokado, obrane, pozbawione pestek i posiekane
- 1 szklanka kremu kokosowego
- 2 łyżki oliwy z oliwek
- 2 łyżki soku z limonki
- Czarny pieprz do smaku

Wskazówki:
1. W blenderze połącz awokado z szalotką, czosnkiem i pozostałymi składnikami, dobrze pulsuj, podziel na małe miseczki i podawaj jako przekąskę.

Odżywianie: kalorie 300, tłuszcz 22,3, błonnik 6,4, węglowodany 42, białko 8,9

DIP kukurydziany

Czas przygotowania: 30 minut
Czas gotowania: 0 minut
Porcje: 4

Składniki:
- Szczypta pieprzu cayenne
- Szczypta czarnego pieprzu
- 2 szklanki kukurydzy
- 1 szklanka kremu kokosowego
- 2 łyżki soku z cytryny
- 2 łyżki oleju z awokado

Wskazówki:
1. W blenderze połącz kukurydzę ze śmietaną i pozostałymi składnikami, dobrze pulsuj, rozłóż do miseczek i podawaj jako dip na imprezę.

Odżywianie:kalorie 215, tłuszcz 16,2, błonnik 3,8, węglowodany 18,4, białko 4

Batony Fasolowe

Czas przygotowania: 2 godziny
Czas gotowania: 0 minut
Porcje: 12

Składniki:
- 1 szklanka czarnej fasoli z puszki, bez dodatku soli, odsączonej
- 1 szklanka płatków kokosowych, niesłodzonych
- 1 szklanka niskotłuszczowego masła
- ½ szklanki nasion chia
- ½ szklanki śmietanki kokosowej

Wskazówki:
1. W blenderze połącz fasolę z płatkami kokosowymi i innymi składnikami, dobrze zmiksuj, rozłóż na kwadratowej blasze, naciśnij, przechowuj w lodówce przez 2 godziny, pokrój w średnie batoniki i podawaj.

Odżywianie: kalorie 141, tłuszcz 7, błonnik 5, węglowodany 16,2, białko 5

Mieszanka pestek dyni i chipsów jabłkowych

Czas przygotowania: 10 minut
Czas gotowania: 2 godziny
Porcje: 4

Składniki:
- Spray do gotowania
- 2 łyżeczki gałki muszkatołowej, mielonej
- 1 szklanka pestek dyni
- 2 jabłka, pozbawione gniazd nasiennych i pokrojone w cienkie plasterki

Wskazówki:
1. Ułóż pestki dyni i chipsy jabłkowe na wyłożonej papierem do pieczenia blasze, posyp całość gałką muszkatołową, posmaruj je sprayem, włóż do piekarnika i piecz w temperaturze 300 stopni F przez 2 godziny.
2. Rozłóż do miseczek i podawaj jako przekąskę.

Odżywianie: kalorie 80, tłuszcz 0, błonnik 3, węglowodany 7, białko 4

Dip z pomidorów i jogurtu

Czas przygotowania: 5 minut
Czas gotowania: 0 minut
Porcje: 4

Składniki:
- 2 szklanki beztłuszczowego jogurtu greckiego
- 1 łyżka natki pietruszki, posiekanej
- ¼ szklanki pomidorów z puszki, bez dodatku soli, posiekanych
- 2 łyżki szczypiorku, posiekanego
- Czarny pieprz do smaku

Wskazówki:
1. W misce wymieszaj jogurt z natką pietruszki i pozostałymi składnikami, dobrze wymieszaj, rozlej do małych miseczek i podawaj jako dip na imprezę.

Odżywianie: kalorie 78, tłuszcz 0, błonnik 0,2, węglowodany 10,6, białko 8,2

Miski z buraków Cayenne

Czas przygotowania: 10 minut
Czas gotowania: 35 minut
Porcje: 2

Składniki:
- 1 łyżeczka pieprzu kajeńskiego
- 2 buraki, obrane i pokrojone w kostkę
- 1 łyżeczka rozmarynu, suszonego
- 1 łyżka oliwy z oliwek
- 2 łyżeczki soku z limonki

Wskazówki:
1. Na brytfannie połącz kawałki buraków z pieprzem cayenne i pozostałymi składnikami, wymieszaj, włóż do piekarnika, piecz w temperaturze 355 stopni F przez 35 minut, podziel na małe miseczki i podawaj jako przekąskę.

Odżywianie: kalorie 170, tłuszcz 12,2, błonnik 7, węglowodany 15,1, białko 6

Miski z orzechami włoskimi i pekanami

Czas przygotowania: 10 minut
Czas gotowania: 10 minut
Porcje: 4

Składniki:
- 2 szklanki orzechów włoskich
- 1 szklanka orzechów pekan, posiekanych
- 1 łyżeczka oleju z awokado
- ½ łyżeczki słodkiej papryki

Wskazówki:
1. Rozłóż winogrona i orzechy pekan na wyłożonej blachą do pieczenia, dodaj olej i paprykę, wymieszaj i piecz w temperaturze 400 stopni F przez 10 minut.
2. Rozłóż do miseczek i podawaj jako przekąskę.

Odżywianie: kalorie 220, tłuszcz 12,4, błonnik 3, węglowodany 12,9, białko 5,6

Pietruszkowe Muffiny Łososiowe

Czas przygotowania: 10 minut
Czas gotowania: 25 minut
Porcje: 4

Składniki:

- 1 szklanka niskotłuszczowego sera mozzarella, posiekanego
- 8 uncji wędzonego łososia, bez skóry, bez kości i posiekanego
- 1 szklanka mąki migdałowej
- 1 jajko, roztrzepane
- 1 łyżeczka pietruszki, suszonej
- 1 ząbek czosnku, posiekany
- Czarny pieprz do smaku
- Spray do gotowania

Wskazówki:

1. W misce połącz łososia z mozzarellą i innymi składnikami oprócz sprayu do gotowania i dobrze wymieszaj.
2. Podziel tę mieszankę na blachę na muffiny nasmarowaną sprayem do gotowania, piecz w piekarniku w temperaturze 375 stopni F przez 25 minut i podawaj jako przekąskę.

Odżywianie: kalorie 273, tłuszcz 17, błonnik 3,5, węglowodany 6,9, białko 21,8

Piłki do Squasha

Czas przygotowania: 10 minut
Czas gotowania: 20 minut
Porcje: 8

Składniki:
- Odrobina oliwy z oliwek
- 1 duża dynia piżmowa, obrana i posiekana
- 2 łyżki kolendry, posiekanej
- 2 jajka, roztrzepane
- ½ szklanki mąki pełnoziarnistej
- Czarny pieprz do smaku
- 2 szalotki, posiekane
- 2 ząbki czosnku, posiekane

Wskazówki:
1. W misce wymieszaj dynię z kolendrą i pozostałymi składnikami oprócz oleju, dobrze wymieszaj i uformuj z tej mieszanki średnie kulki.
2. Ułóż je na wyłożonej blachą do pieczenia, posmaruj olejem, piecz w temperaturze 400 stopni F przez 10 minut z każdej strony, podziel na miski i podawaj.

Odżywianie: kalorie 78, tłuszcz 3, błonnik 0,9, węglowodany 10,8, białko 2,7

Cheesy Pearl Cebulowe Miski

Czas przygotowania: 10 minut
Czas gotowania: 30 minut
Porcje: 8

Składniki:
- 20 białych cebul perłowych, obranych
- 3 łyżki natki pietruszki, posiekanej
- 1 łyżka szczypiorku, posiekanego
- Czarny pieprz do smaku
- 1 szklanka niskotłuszczowej mozzarelli, startej na tarce
- 1 łyżka oliwy z oliwek

Wskazówki:
1. Rozłóż cebulę perłową na blasze wyłożonej papierem do pieczenia, dodaj olej, pietruszkę, szczypiorek i czarny pieprz i wymieszaj.
2. Posyp mozzarellą na wierzchu, piecz w temperaturze 390 stopni F przez 30 minut, rozłóż do miseczek i podawaj na zimno jako przekąskę.

Odżywianie: kalorie 136, tłuszcz 2,7, błonnik 6, węglowodany 25,9, białko 4,1

Batony brokułowe

Czas przygotowania: 10 minut
Czas gotowania: 25 minut
Porcje: 8

Składniki:
- 1 funt różyczek brokułów, posiekanych
- ½ szklanki niskotłuszczowego sera mozzarella, posiekanego
- 2 jajka, roztrzepane
- 1 łyżeczka oregano, suszonego
- 1 łyżeczka bazylii, suszonej
- Czarny pieprz do smaku

Wskazówki:
1. W misce wymieszaj brokuły z serem i pozostałymi składnikami, dobrze wymieszaj, rozłóż na prostokątnej patelni i dobrze dociśnij do dna.
2. Wstaw do piekarnika nagrzanego do 380 stopni F, piecz przez 25 minut, pokrój w batony i podawaj na zimno.

Odżywianie: kalorie 46, tłuszcz 1,3, błonnik 1,8, węglowodany 4,2, białko 5

Salsa Z Ananasa I Pomidorów

Czas przygotowania: 10 minut
Czas gotowania: 40 minut
Porcje: 4

Składniki:
- 20 uncji ananasa w puszce, odsączonego i pokrojonego w kostkę
- 1 szklanka suszonych pomidorów, pokrojonych w kostkę
- 1 łyżka bazylii, posiekanej
- 1 łyżka oleju z awokado
- 1 łyżeczka soku z limonki
- 1 szklanka czarnych oliwek, wypestkowanych i pokrojonych w plastry
- Czarny pieprz do smaku

Wskazówki:
1. W misce połącz kostki ananasa z pomidorami i pozostałymi składnikami, wymieszaj, podziel na mniejsze filiżanki i podawaj jako przekąskę.

Odżywianie: kalorie 125, tłuszcz 4,3, błonnik 3,8, węglowodany 23,6, białko 1,5

Mieszanka z indyka i karczochów

Czas przygotowania: 5 minut
Czas gotowania: 25 minut
Porcje: 4

Składniki:
- 2 łyżki oliwy z oliwek
- 1 pierś z indyka, bez skóry, bez kości, pokrojona w plastry
- Szczypta czarnego pieprzu
- 1 łyżka bazylii, posiekanej
- 3 ząbki czosnku, posiekane
- 14 uncji karczochów w puszkach, bez dodatku soli, posiekanych
- 1 szklanka kremu kokosowego
- ¾ szklanki niskotłuszczowej mozzarelli, rozdrobnionej

Wskazówki:
1. Rozgrzej patelnię z olejem na średnim ogniu, dodaj mięso, czosnek i czarny pieprz, wymieszaj i smaż przez 5 minut.
2. Dodaj pozostałe składniki oprócz sera, wymieszaj i gotuj na średnim ogniu przez 15 minut.
3. Posyp serem, gotuj wszystko jeszcze przez 5 minut, rozłóż na talerzach i podawaj.

Odżywianie: kalorie 300, tłuszcz 22,2, błonnik 7,2, węglowodany 16,5, białko 13,6

Mieszanka oregano z indyka

Czas przygotowania: 10 minut
Czas gotowania: 30 minut
Porcje: 4

Składniki:
- 2 łyżki oleju z awokado
- 1 czerwona cebula, posiekana
- 2 ząbki czosnku, posiekane
- Szczypta czarnego pieprzu
- 1 łyżka oregano, posiekanego
- 1 duża pierś z indyka, bez skóry, bez kości, pokrojona w kostkę
- 1 i ½ szklanki bulionu wołowego o niskiej zawartości sodu
- 1 łyżka szczypiorku, posiekanego

Wskazówki:
1. Rozgrzej patelnię z olejem na średnim ogniu, dodaj cebulę, wymieszaj i smaż przez 3 minuty.
2. Dodać czosnek i mięso, wymieszać i smażyć jeszcze 3 minuty.
3. Dodaj pozostałe składniki, wymieszaj, gotuj wszystko na średnim ogniu przez 25 minut, rozłóż na talerzach i podawaj.

Odżywianie: kalorie 76, tłuszcz 2,1, błonnik 1,7, węglowodany 6,4, białko 8,3

Pomarańczowy kurczak

Czas przygotowania: 10 minut
Czas gotowania: 35 minut
Porcje: 4

Składniki:
- 1 łyżka oleju z awokado
- 1 funt piersi z kurczaka, bez skóry, bez kości, przekrojony na pół
- 2 ząbki czosnku, posiekane
- 2 szalotki, posiekane
- ½ szklanki soku pomarańczowego
- 1 łyżka skórki pomarańczowej, startej
- 3 łyżki octu balsamicznego
- 1 łyżeczka rozmarynu, posiekanego

Wskazówki:
1. Rozgrzej patelnię z olejem na średnim ogniu, dodaj szalotki i czosnek, wymieszaj i smaż przez 2 minuty.
2. Dodać mięso, delikatnie wymieszać i smażyć jeszcze 3 minuty.
3. Dodaj pozostałe składniki, wymieszaj, włóż blachę do piekarnika i piecz w temperaturze 340 stopni F przez 30 minut.
4. Podziel na talerze i podawaj.

Odżywianie: kalorie 159, tłuszcz 3,4, błonnik 0,5, węglowodany 5,4, białko 24,6

Indyk Czosnkowy I Pieczarki

Czas przygotowania: 10 minut
Czas gotowania: 40 minut
Porcje: 4

Składniki:
- 1 pierś z indyka, bez kości, bez skóry, pokrojona w kostkę
- ½ funta białych pieczarek, przekrojonych na pół
- 1/3 szklanki aminokwasów kokosowych
- 2 ząbki czosnku, posiekane
- 2 łyżki oliwy z oliwek
- Szczypta czarnego pieprzu
- 2 zielone cebule, posiekane
- 3 łyżki sosu czosnkowego
- 1 łyżka rozmarynu, posiekanego

Wskazówki:
1. Rozgrzej patelnię z olejem na średnim ogniu, dodaj zieloną cebulę, sos czosnkowy i czosnek i smaż przez 5 minut.
2. Dodać mięso i smażyć jeszcze 5 minut.
3. Dodaj pozostałe składniki, włóż do piekarnika i piecz w temperaturze 390 stopni F przez 30 minut.
4. Podziel mieszankę między talerze i podawaj.

Odżywianie: kalorie 154, tłuszcz 8,1, błonnik 1,5, węglowodany 11,5, białko 9,8

Patelnia Z Kurczakiem I Oliwkami

Czas przygotowania: 10 minut
Czas gotowania: 25 minut
Porcje: 4

Składniki:
- 1 funt piersi z kurczaka, bez skóry, bez kości i z grubsza pokrojony w kostkę
- Szczypta czarnego pieprzu
- 1 łyżka oleju z awokado
- 1 czerwona cebula, posiekana
- 1 szklanka mleka kokosowego
- 1 łyżka soku z cytryny
- 1 szklanka oliwek kalamata, wypestkowanych i pokrojonych w plasterki
- ¼ szklanki kolendry, posiekanej

Wskazówki:
1. Rozgrzej patelnię z olejem na średnim ogniu, dodaj cebulę i mięso, smaż przez 5 minut.
2. Dodać pozostałe składniki, wymieszać, doprowadzić do wrzenia i gotować na średnim ogniu przez kolejne 20 minut.
3. Podziel na talerze i podawaj.

Odżywianie: kalorie 409, tłuszcz 26,8, błonnik 3,2, węglowodany 8,3, białko 34,9

Balsamiczna mieszanka z indyka i brzoskwiń

Czas przygotowania: 10 minut
Czas gotowania: 25 minut
Porcje: 4

Składniki:

- 1 łyżka oleju z awokado
- 1 pierś z indyka, bez skóry, bez kości, pokrojona w plastry
- Szczypta czarnego pieprzu
- 1 żółta cebula, posiekana
- 4 brzoskwinie, usunąć pestki i pokroić w ósemki
- ¼ szklanki octu balsamicznego
- 2 łyżki szczypiorku, posiekanego

Wskazówki:

1. Rozgrzej patelnię z olejem na średnim ogniu, dodaj mięso i cebulę, wymieszaj i smaż przez 5 minut.
2. Dodać pozostałe składniki oprócz szczypiorku, delikatnie wymieszać i piec w temperaturze 390 stopni F przez 20 minut.
3. Rozłóż wszystko na talerzach i podawaj z posypanym szczypiorkiem.

Odżywianie: kalorie 123, tłuszcz 1,6, błonnik 3,3, węglowodany 18,8, białko 9,1

Kokosowy Kurczak I Szpinak

Czas przygotowania: 10 minut
Czas gotowania: 25 minut
Porcje: 4

Składniki:
- 1 łyżka oleju z awokado
- 1 funt piersi z kurczaka, bez skóry, bez kości i pokrojony w kostkę
- ½ łyżeczki bazylii, suszonej
- Szczypta czarnego pieprzu
- ¼ szklanki bulionu warzywnego o niskiej zawartości sodu
- 2 szklanki szpinaku baby
- 2 szalotki, posiekane
- 2 ząbki czosnku, posiekane
- ½ łyżeczki słodkiej papryki
- 2/3 szklanki śmietanki kokosowej
- 2 łyżki kolendry, posiekanej

Wskazówki:
1. Rozgrzej patelnię z olejem na średnim ogniu, dodaj mięso, bazylię, czarny pieprz i smaż przez 5 minut.
2. Dodaj szalotki i czosnek i gotuj przez kolejne 5 minut.
3. Dodać pozostałe składniki, wymieszać, doprowadzić do wrzenia i gotować na średnim ogniu jeszcze przez 15 minut.
4. Podzielić na talerze i podawać gorące.

Odżywianie: kalorie 237, tłuszcz 12,9, błonnik 1,6, węglowodany 4,7, białko 25,8

Mieszanka Kurczaka I Szparagów

Czas przygotowania: 10 minut
Czas gotowania: 25 minut
Porcje: 4

Składniki:
- 2 piersi z kurczaka, bez skóry, bez kości, pokrojone w kostkę
- 2 łyżki oleju z awokado
- 2 dymki, posiekane
- 1 pęczek szparagów, przyciętych i przekrojonych na pół
- ½ łyżeczki słodkiej papryki
- Szczypta czarnego pieprzu
- 14 uncji pomidorów w puszkach, bez dodatku soli, odsączonych i posiekanych

Wskazówki:
1. Rozgrzać patelnię z olejem na średnim ogniu, dodać mięso i dymkę, wymieszać i smażyć przez 5 minut.
2. Dodaj szparagi i pozostałe składniki, wymieszaj, przykryj patelnię i gotuj na średnim ogniu przez 20 minut.
3. Podziel wszystko na talerze i podawaj.

Odżywianie: kalorie 171, tłuszcz 6,4, błonnik 2,6, węglowodany 6,4, białko 22,2

Indyk i Kremowe Brokuły

Czas przygotowania: 10 minut
Czas gotowania: 25 minut
Porcje: 4

Składniki:
- 1 łyżka oliwy z oliwek
- 1 duża pierś z indyka, bez skóry, bez kości, pokrojona w kostkę
- 2 szklanki różyczek brokuła
- 2 szalotki, posiekane
- 2 ząbki czosnku, posiekane
- 1 łyżka bazylii, posiekanej
- 1 łyżka kolendry, posiekanej
- ½ szklanki śmietanki kokosowej

Wskazówki:
1. Rozgrzej patelnię z olejem na średnim ogniu, dodaj mięso, szalotki i czosnek, wymieszaj i smaż przez 5 minut.
2. Dodaj brokuły i pozostałe składniki, wszystko wymieszaj, gotuj przez 20 minut na średnim ogniu, rozłóż na talerze i podawaj.

Odżywianie: kalorie 165, tłuszcz 11,5, błonnik 2,1, węglowodany 7,9, białko 9,6

Mieszanka zielonej fasoli z kurczakiem i koperkiem

Czas przygotowania: 10 minut
Czas gotowania: 25 minut
Porcje: 4

Składniki:
- 2 łyżki oliwy z oliwek
- 10 uncji zielonej fasoli, przyciętej i przekrojonej na pół
- 1 żółta cebula, posiekana
- 1 łyżka koperku, posiekanego
- 2 piersi z kurczaka, bez skóry, bez kości, przekrojone na pół
- 2 szklanki sosu pomidorowego, bez dodatku soli
- ½ łyżeczki płatków czerwonej papryki, zmiażdżonej

Wskazówki:
1. Rozgrzej patelnię z olejem na średnim ogniu, dodaj cebulę i mięso i smaż przez 2 minuty z każdej strony.
2. Dodaj zieloną fasolkę i pozostałe składniki, wymieszaj, włóż do piekarnika i piecz w temperaturze 380 stopni F przez 20 minut.
3. Podziel na talerze i podawaj od razu.

Odżywianie: kalorie 391, tłuszcz 17,8, błonnik 5, węglowodany 14,8, białko 43,9

Kurczak i Chili Cukinia

Czas przygotowania: 5 minut
Czas gotowania: 25 minut
Porcje: 4

Składniki:

- 1 funt piersi z kurczaka, bez skóry, bez kości i pokrojony w kostkę
- 1 szklanka bulionu z kurczaka o niskiej zawartości sodu
- 2 cukinie, z grubsza pokrojone w kostkę
- 1 łyżka oliwy z oliwek
- 1 szklanka pomidorów z puszki, bez dodatku soli, posiekanych
- 1 żółta cebula, posiekana
- 1 łyżeczka chili w proszku
- 1 łyżka kolendry, posiekanej

Wskazówki:
1. Rozgrzej patelnię z olejem na średnim ogniu, dodaj mięso i cebulę, wymieszaj i smaż przez 5 minut.
2. Dodaj cukinię i pozostałe składniki, delikatnie wymieszaj, zmniejsz ogień do średniego i gotuj przez 20 minut.
3. Podziel wszystko na talerze i podawaj.

Odżywianie: kalorie 284, tłuszcz 12,3, błonnik 2,4, węglowodany 8, białko 35

Mieszanka z awokado i kurczakiem

Czas przygotowania: 10 minut
Czas gotowania: 20 minut
Porcje: 4

Składniki:
- 2 piersi z kurczaka, bez skóry, bez kości, przekrojone na pół
- Sok z ½ cytryny
- 2 łyżki oliwy z oliwek
- 2 ząbki czosnku, posiekane
- ½ szklanki bulionu warzywnego o niskiej zawartości sodu
- 1 awokado, obrane, pozbawione pestek i pokrojone w ósemki
- Szczypta czarnego pieprzu

Wskazówki:
1. Rozgrzej patelnię z olejem na średnim ogniu, dodaj czosnek i mięso i smaż przez 2 minuty z każdej strony.
2. Dodać sok z cytryny i pozostałe składniki, doprowadzić do wrzenia i gotować na średnim ogniu przez 15 minut.
3. Podziel całą mieszankę między talerze i podawaj.

Odżywianie: kalorie 436, tłuszcz 27,3, błonnik 3,6, węglowodany 5,6, białko 41,8

Turcja i Bok Choy

Czas przygotowania: 10 minut
Czas gotowania: 20 minut
Porcje: 4

Składniki:
- 1 pierś z indyka, bez kości, bez skóry, pokrojona w grubszą kostkę
- 2 szalotki, posiekane
- 1 funt bok choy, rozdarty
- 2 łyżki oliwy z oliwek
- ½ łyżeczki imbiru, startego
- Szczypta czarnego pieprzu
- ½ szklanki bulionu warzywnego o niskiej zawartości sodu

Wskazówki:
1. Rozgrzej garnek z olejem na średnim ogniu, dodaj szalotki i imbir i smaż przez 2 minuty.
2. Dodaj mięso i smaż jeszcze przez 5 minut.
3. Dodaj pozostałe składniki, wymieszaj, gotuj jeszcze 13 minut, rozłóż na talerzach i podawaj.

Odżywianie: kalorie 125, tłuszcz 8, błonnik 1,7, węglowodany 5,5, białko 9,3

Mieszanka Kurczaka Z Czerwoną Cebulą

Czas przygotowania: 10 minut
Czas gotowania: 25 minut
Porcje: 4

Składniki:
- 2 piersi z kurczaka, bez skóry, bez kości i z grubsza pokrojone w kostkę
- 3 czerwone cebule, pokrojone
- 2 łyżki oliwy z oliwek
- 1 szklanka bulionu warzywnego o niskiej zawartości sodu
- Szczypta czarnego pieprzu
- 1 łyżka kolendry, posiekanej
- 1 łyżka szczypiorku, posiekanego

Wskazówki:
1. Rozgrzej patelnię z olejem na średnim ogniu, dodaj cebulę i szczyptę czarnego pieprzu i smaż przez 10 minut często mieszając.
2. Dodać kurczaka i gotować jeszcze 3 minuty.
3. Dodać pozostałe składniki, doprowadzić do wrzenia i gotować na średnim ogniu przez kolejne 12 minut.
4. Podziel mieszankę kurczaka i cebuli na talerze i podawaj.

Odżywianie: kalorie 364, tłuszcz 17,5, błonnik 2,1, węglowodany 8,8, białko 41,7

Gorący indyk i ryż

Czas przygotowania: 10 minut
Czas gotowania: 42 minuty
Porcje: 4

Składniki:
- 1 pierś z indyka, bez skóry, bez kości, pokrojona w kostkę
- 1 szklanka białego ryżu
- 2 szklanki bulionu warzywnego o niskiej zawartości sodu
- 1 łyżeczka ostrej papryki
- 2 małe papryczki Serrano, posiekane
- 2 ząbki czosnku, posiekane
- 2 łyżki oliwy z oliwek
- ½ posiekanej czerwonej papryki
- Szczypta czarnego pieprzu

Wskazówki:
1. Rozgrzej patelnię z olejem na średnim ogniu, dodaj papryczki Serrano i czosnek i smaż przez 2 minuty.
2. Dodaj mięso i smaż przez 5 minut.
3. Dodać ryż i pozostałe składniki, doprowadzić do wrzenia i gotować na średnim ogniu przez 35 minut.
4. Wymieszaj, podziel na talerze i podawaj.

Odżywianie: kalorie 271, tłuszcz 7,7, błonnik 1,7, węglowodany 42, białko 7,8

Lemon Por i Kurczak

Czas przygotowania: 10 minut
Czas gotowania: 40 minut
Porcje: 4

Składniki:
- 1 funt piersi z kurczaka, bez skóry, bez kości i pokrojony w kostkę
- Szczypta czarnego pieprzu
- 2 łyżki oleju z awokado
- 1 łyżka sosu pomidorowego, bez dodatku soli
- 1 szklanka bulionu warzywnego o niskiej zawartości sodu
- 4 pory, grubo posiekane
- ½ szklanki soku z cytryny

Wskazówki:
1. Rozgrzej patelnię z olejem na średnim ogniu, dodaj pory, wymieszaj i smaż przez 10 minut.
2. Dodaj kurczaka i pozostałe składniki, wymieszaj, gotuj na średnim ogniu jeszcze przez 20 minut, rozłóż na talerzach i podawaj.

Odżywianie: kalorie 199, tłuszcz 13,3, błonnik 5, węglowodany 7,6, białko 17,4

Indyk z mieszanką kapusty włoskiej

Czas przygotowania: 10 minut
Czas gotowania: 35 minut
Porcje: 4

Składniki:
- 1 duża pierś z indyka, bez skóry, bez kości, pokrojona w kostkę
- 1 szklanka bulionu z kurczaka o niskiej zawartości sodu
- 1 łyżka oleju kokosowego, roztopionego
- 1 kapusta włoska, posiekana
- 1 łyżeczka chili w proszku
- 1 łyżeczka słodkiej papryki
- 1 ząbek czosnku, posiekany
- 1 żółta cebula, posiekana
- Szczypta soli i czarnego pieprzu

Wskazówki:
1. Rozgrzej patelnię z olejem na średnim ogniu, dodaj mięso i smaż przez 5 minut.
2. Dodaj czosnek i cebulę, wymieszaj i smaż jeszcze przez 5 minut.
3. Dodać kapustę i pozostałe składniki, wymieszać, doprowadzić do wrzenia i gotować na średnim ogniu przez 25 minut.
4. Podziel wszystko na talerze i podawaj.

Odżywianie: kalorie 299, tłuszcz 14,5, błonnik 5, węglowodany 8,8, białko 12,6

Kurczak Z Pieczarkami Paprykowymi

Czas przygotowania: 10 minut
Czas gotowania: 30 minut
Porcje: 4

Składniki:
- 1 funt piersi z kurczaka, bez skóry, bez kości i pokrojony w plastry
- 4 szalotki, posiekane
- 1 łyżka oliwy z oliwek
- 1 łyżka słodkiej papryki
- 1 szklanka bulionu z kurczaka o niskiej zawartości sodu
- 1 łyżka imbiru, startego
- 1 łyżeczka oregano, suszonego
- 1 łyżeczka kminku, mielonego
- 1 łyżeczka ziela angielskiego, mielonego
- ½ szklanki kolendry, posiekanej
- Szczypta czarnego pieprzu

Wskazówki:
1. Rozgrzej patelnię z olejem na średnim ogniu, dodaj szalotki i mięso i smaż przez 5 minut.
2. Dodaj pozostałe składniki, wymieszaj, włóż do piekarnika i piecz w temperaturze 390 stopni F przez 25 minut.
3. Podziel kurczaka i szalotkę na talerze i podawaj.

Odżywianie: kalorie 295, tłuszcz 12,5, błonnik 6,9, węglowodany 22,4, białko 15,6

Sos Z Kurczaka I Musztardy

Czas przygotowania: 10 minut
Czas gotowania: 35 minut
Porcje: 4

Składniki:
- 1 funt udek z kurczaka, bez kości i bez skóry
- 1 łyżka oleju z awokado
- 2 łyżki musztardy
- 1 szalotka, posiekana
- 1 szklanka bulionu z kurczaka o niskiej zawartości sodu
- Szczypta soli i czarnego pieprzu
- 3 ząbki czosnku, posiekane
- ½ łyżeczki bazylii, suszonej

Wskazówki:
1. Rozgrzej patelnię z olejem na średnim ogniu, dodaj szalotkę, czosnek i kurczaka i smaż wszystko przez 5 minut.
2. Dodać musztardę i pozostałe składniki, delikatnie wymieszać, doprowadzić do wrzenia i gotować na średnim ogniu przez 30 minut.
3. Podziel wszystko na talerze i podawaj gorące.

Odżywianie: kalorie 299, tłuszcz 15,5, błonnik 6,6, węglowodany 30,3, białko 12,5

Mieszanka Kurczaka I Selera

Czas przygotowania: 10 minut
Czas gotowania: 35 minut
Porcje: 4

Składniki:
- Szczypta czarnego pieprzu
- 2 funty piersi z kurczaka, bez skóry, bez kości i pokrojone w kostkę
- 2 łyżki oliwy z oliwek
- 1 szklanka selera, posiekanego
- 3 ząbki czosnku, posiekane
- 1 papryczka poblano, posiekana
- 1 szklanka bulionu warzywnego o niskiej zawartości sodu
- 1 łyżeczka chili w proszku
- 2 łyżki szczypiorku, posiekanego

Wskazówki:
1. Rozgrzej patelnię z olejem na średnim ogniu, dodaj czosnek, seler i papryczkę poblano, wymieszaj i smaż przez 5 minut.
2. Dodać mięso, wymieszać i smażyć jeszcze 5 minut.
3. Dodać pozostałe składniki oprócz szczypiorku, doprowadzić do wrzenia i gotować na średnim ogniu jeszcze przez 25 minut.
4. Podziel całość na talerze i podawaj ze szczypiorkiem posypanym na wierzchu.

Odżywianie: kalorie 305, tłuszcz 18, błonnik 13,4, węglowodany 22,5, białko 6

Limonkowy Indyk Z Młodymi Ziemniakami

Czas przygotowania: 10 minut
Czas gotowania: 40 minut
Porcje: 4

Składniki:
- 1 pierś z indyka, bez skóry, bez kości, pokrojona w plastry
- 2 łyżki oliwy z oliwek
- 1 funt młodych ziemniaków, obranych i przekrojonych na pół
- 1 łyżka słodkiej papryki
- 1 żółta cebula, posiekana
- 1 łyżeczka chili w proszku
- 1 łyżeczka rozmarynu, suszonego
- 2 szklanki bulionu z kurczaka o niskiej zawartości sodu
- Szczypta czarnego pieprzu
- Skórka z 1 limonki, starta
- 1 łyżka soku z limonki
- 1 łyżka kolendry, posiekanej

Wskazówki:
1. Rozgrzej patelnię z olejem na średnim ogniu, dodaj cebulę, chili w proszku i rozmaryn, wymieszaj i smaż przez 5 minut.
2. Dodaj mięso, smaż jeszcze przez 5 minut.
3. Dodać ziemniaki i pozostałe składniki oprócz kolendry, delikatnie wymieszać, doprowadzić do wrzenia i gotować na średnim ogniu przez 30 minut.
4. Podziel mieszankę na talerze i podawaj z kolendrą posypaną na wierzchu.

Odżywianie: kalorie 345, tłuszcz 22,2, błonnik 12,3, węglowodany 34,5, białko 16,4

Kurczak Z Zieloną Musztardą

Czas przygotowania: 10 minut
Czas gotowania: 25 minut
Porcje: 4

Składniki:
- 2 piersi z kurczaka, bez skóry, bez kości, pokrojone w kostkę
- 3 szklanki zielonej musztardy
- 1 szklanka pomidorów z puszki, bez dodatku soli, posiekanych
- 1 czerwona cebula, posiekana
- 2 łyżki oleju z awokado
- 1 łyżeczka oregano, suszonego
- 2 ząbki czosnku, posiekane
- 1 łyżka szczypiorku, posiekanego
- 1 łyżka octu balsamicznego
- Szczypta czarnego pieprzu

Wskazówki:
1. Rozgrzej patelnię z olejem na średnim ogniu, dodaj cebulę i czosnek i smaż przez 5 minut.
2. Dodaj mięso i smaż je jeszcze przez 5 minut.
3. Dodaj zieleninę, pomidory i pozostałe składniki, wymieszaj, gotuj przez 20 minut na średnim ogniu, rozłóż na talerzach i podawaj.

Odżywianie: kalorie 290, tłuszcz 12,3, błonnik 6,7, węglowodany 22,30, białko 14,3

Pieczony Kurczak I Jabłka

Czas przygotowania: 10 minut
Czas gotowania: 50 minut
Porcje: 4

Składniki:
- 2 funty udek z kurczaka, bez kości i bez skóry
- 2 łyżki oliwy z oliwek
- 2 czerwone cebule, pokrojone
- Szczypta czarnego pieprzu
- 1 łyżeczka suszonego tymianku
- 1 łyżeczka bazylii, suszonej
- 1 szklanka zielonych jabłek, pozbawionych gniazd nasiennych i z grubsza pokrojonych w kostkę
- 2 ząbki czosnku, posiekane
- 2 szklanki bulionu z kurczaka o niskiej zawartości sodu
- 1 łyżka soku z cytryny
- 1 szklanka pomidorów, pokrojonych w kostkę
- 1 łyżka kolendry, posiekanej

Wskazówki:
1. Rozgrzej patelnię z olejem na średnim ogniu, dodaj cebulę i czosnek i smaż przez 5 minut.
2. Dodaj kurczaka i smaż przez kolejne 5 minut.
3. Dodaj tymianek, bazylię i pozostałe składniki, delikatnie wymieszaj, włóż do piekarnika i piecz w temperaturze 390 stopni F przez 40 minut.
4. Podziel mieszankę kurczaka i jabłek na talerze i podawaj.

Odżywianie:kalorie 290, tłuszcz 12,3, błonnik 4, węglowodany 15,7, białko 10

Kurczak Chipotle

Czas przygotowania: 10 minut
Czas gotowania: 1 godzina
Porcje: 6

Składniki:
- 2 funty udek z kurczaka, bez kości i bez skóry
- 1 żółta cebula, posiekana
- 2 łyżki oliwy z oliwek
- 3 ząbki czosnku, posiekane
- 1 łyżka nasion kolendry, zmielonych
- 1 łyżeczka kminku, mielonego
- 1 szklanka bulionu z kurczaka o niskiej zawartości sodu
- 4 łyżki pasty chipotle chili
- Szczypta czarnego pieprzu
- 1 łyżka kolendry, posiekanej

Wskazówki:
1. Rozgrzej patelnię z olejem na średnim ogniu, dodaj cebulę i czosnek i smaż przez 5 minut.
2. Dodaj mięso i smaż jeszcze przez 5 minut.
3. Dodaj pozostałe składniki, wymieszaj, włóż wszystko do piekarnika i piecz w temperaturze 390 stopni F przez 50 minut.
4. Podziel całą mieszankę między talerze i podawaj.

Odżywianie: kalorie 280, tłuszcz 12,1, błonnik 6,3, węglowodany 15,7, białko 12

Indyk ziołowy

Czas przygotowania: 10 minut
Czas gotowania: 35 minut
Porcje: 4

Składniki:
- 1 duża pierś z indyka, bez kości, bez skóry, pokrojona w plastry
- 1 łyżka szczypiorku, posiekanego
- 1 łyżka oregano, posiekanego
- 1 łyżka bazylii, posiekanej
- 1 łyżka kolendry, posiekanej
- 2 szalotki, posiekane
- 2 łyżki oliwy z oliwek
- 1 szklanka bulionu z kurczaka o niskiej zawartości sodu
- 1 szklanka pomidorów, pokrojonych w kostkę
- Sól i czarny pieprz do smaku

Wskazówki:
1. Rozgrzej patelnię z olejem na średnim ogniu, dodaj szalotki i mięso i smaż przez 5 minut.
2. Dodać szczypiorek i pozostałe składniki, wymieszać, doprowadzić do wrzenia i gotować na średnim ogniu przez 30 minut.
3. Podziel mieszankę między talerze i podawaj.

Odżywianie: kalorie 290, tłuszcz 11,9, błonnik 5,5, węglowodany 16,2, białko 9

Sos Z Kurczaka I Imbiru

Czas przygotowania: 10 minut
Czas gotowania: 35 minut
Porcje: 4

Składniki:
- 1 funt piersi z kurczaka, bez skóry, bez kości i pokrojony w kostkę
- 1 łyżka imbiru, startego
- 1 łyżka oliwy z oliwek
- 2 szalotki, posiekane
- 1 łyżka octu balsamicznego
- Szczypta czarnego pieprzu
- ¾ szklanki bulionu z kurczaka o niskiej zawartości sodu
- 1 łyżka bazylii, posiekanej

Wskazówki:
1. Rozgrzać patelnię z olejem na średnim ogniu, dodać szalotki i imbir, wymieszać i smażyć przez 5 minut.
2. Dodać pozostałe składniki oprócz kurczaka, wymieszać, doprowadzić do wrzenia i gotować jeszcze 5 minut.
3. Dodaj kurczaka, wymieszaj, gotuj całość przez 25 minut, rozłóż na talerzach i podawaj.

Odżywianie: kalorie 294, tłuszcz 15,5, błonnik 3, węglowodany 15,4, białko 13,1

Kurczak i Kukurydza

Czas przygotowania: 10 minut
Czas gotowania: 35 minut
Porcje: 4

Składniki:
- 2 funty piersi z kurczaka, bez skóry, bez kości, przekrojone na pół
- 2 szklanki kukurydzy
- 2 łyżki oleju z awokado
- Szczypta czarnego pieprzu
- 1 łyżeczka wędzonej papryki
- 1 pęczek zielonej cebuli, posiekanej
- 1 szklanka bulionu z kurczaka o niskiej zawartości sodu

Wskazówki:
1. Rozgrzej patelnię z olejem na średnim ogniu, dodaj zieloną cebulę, wymieszaj i smaż przez 5 minut.
2. Dodać kurczaka i smażyć jeszcze przez 5 minut.
3. Dodaj kukurydzę i pozostałe składniki, wymieszaj, włóż patelnię do piekarnika i gotuj w temperaturze 390 stopni F przez 25 minut.
4. Podziel mieszankę między talerze i podawaj.

Odżywianie: kalorie 270, tłuszcz 12,4, błonnik 5,2, węglowodany 12, białko 9

Curry Turcja i Quinoa

Czas przygotowania: 10 minut
Czas gotowania: 40 minut
Porcje: 4

Składniki:
- 1 funt piersi z indyka, bez skóry, bez kości, pokrojony w kostkę
- 1 łyżka oliwy z oliwek
- 1 szklanka komosy ryżowej
- 2 szklanki bulionu z kurczaka o niskiej zawartości sodu
- 1 łyżka soku z limonki
- 1 łyżka natki pietruszki, posiekanej
- Szczypta czarnego pieprzu
- 1 łyżka czerwonej pasty curry

Wskazówki:
1. Rozgrzej patelnię z olejem na średnim ogniu, dodaj mięso i smaż przez 5 minut.
2. Dodać komosę ryżową i pozostałe składniki, wymieszać, doprowadzić do wrzenia i gotować na średnim ogniu przez 35 minut.
3. Podziel wszystko na talerze i podawaj.

Odżywianie: kalorie 310, tłuszcz 8,5, błonnik 11, węglowodany 30,4, białko 16,3

Indyk i kminek pasternak

Czas przygotowania: 10 minut
Czas gotowania: 40 minut
Porcje: 4

Składniki:
- 1 funt piersi z indyka, bez skóry, bez kości, pokrojony w kostkę
- 2 pasternaki, obrane i pokrojone w kostkę
- 2 łyżeczki kminku, mielonego
- 1 łyżka natki pietruszki, posiekanej
- 2 łyżki oleju z awokado
- 2 szalotki, posiekane
- 1 szklanka bulionu z kurczaka o niskiej zawartości sodu
- 4 ząbki czosnku, posiekane
- Szczypta czarnego pieprzu

Wskazówki:
1. Rozgrzej patelnię z olejem na średnim ogniu, dodaj szalotki i czosnek i smaż przez 5 minut.
2. Dodać indyka, wymieszać i gotować jeszcze 5 minut.
3. Dodaj pasternak i pozostałe składniki, wymieszaj, gotuj na średnim ogniu przez kolejne 30 minut, rozłóż na talerzach i podawaj.

Odżywianie: kalorie 284, tłuszcz 18,2, błonnik 4, węglowodany 16,7, białko 12,3

Ciecierzyca z indyka i kolendry

Czas przygotowania: 10 minut
Czas gotowania: 40 minut
Porcje: 4

Składniki:
- 1 szklanka ciecierzycy z puszki, bez dodatku soli, odsączonej
- 1 szklanka bulionu z kurczaka o niskiej zawartości sodu
- 1 funt piersi z indyka, bez skóry, bez kości, pokrojony w kostkę
- Szczypta czarnego pieprzu
- 1 łyżeczka oregano, suszonego
- 1 łyżeczka gałki muszkatołowej, mielonej
- 2 łyżki oliwy z oliwek
- 1 żółta cebula, posiekana
- 1 zielona papryka, posiekana
- 1 szklanka kolendry, posiekanej

Wskazówki:
1. Rozgrzej patelnię z olejem na średnim ogniu, dodaj cebulę, paprykę i mięso i smaż przez 10 minut często mieszając.
2. Dodać pozostałe składniki, wymieszać, doprowadzić do wrzenia i gotować na średnim ogniu przez 30 minut.
3. Podziel mieszankę między talerze i podawaj.

Odżywianie: kalorie 304, tłuszcz 11,2, błonnik 4,5, węglowodany 22,2, białko 17

Indyk i Curry Soczewica

Czas przygotowania: 10 minut
Czas gotowania: 40 minut
Porcje: 4

Składniki:

- 2 funty piersi z indyka, bez skóry, bez kości, pokrojone w kostkę
- 1 szklanka soczewicy z puszki, bez dodatku soli, odsączonej i wypłukanej
- 1 łyżka zielonej pasty curry
- 1 łyżeczka garam masali
- 2 łyżki oliwy z oliwek
- 1 żółta cebula, posiekana
- 1 ząbek czosnku, posiekany
- Szczypta czarnego pieprzu
- 1 łyżka kolendry, posiekanej

Wskazówki:

1. Rozgrzej patelnię z olejem na średnim ogniu, dodaj cebulę, czosnek i mięso i smaż przez 5 minut często mieszając.
2. Dodać soczewicę i pozostałe składniki, doprowadzić do wrzenia i gotować na średnim ogniu przez 35 minut.
3. Podziel mieszankę między talerze i podawaj.

Odżywianie: kalorie 489, tłuszcz 12,1, błonnik 16,4, węglowodany 42,4, białko 51,5

Indyk Z Fasolą I Oliwkami

Czas przygotowania: 10 minut
Czas gotowania: 35 minut
Porcje: 4

Składniki:
- 1 szklanka czarnej fasoli, bez dodatku soli i odsączonej
- 1 szklanka zielonych oliwek, wypestkowanych i przekrojonych na pół
- 1 funt piersi z indyka, bez skóry, bez kości i pokrojony w plastry
- 1 łyżka kolendry, posiekanej
- 1 szklanka sosu pomidorowego, bez dodatku soli
- 1 łyżka oliwy z oliwek

Wskazówki:
1. Naczynie żaroodporne wysmarować olejem, ułożyć w nim plastry indyka, dodać również pozostałe składniki, wstawić do piekarnika i piec w temperaturze 380 stopni F przez 35 minut.
2. Podziel na talerze i podawaj.

Odżywianie: kalorie 331, tłuszcz 6,4, błonnik 9, węglowodany 38,5, białko 30,7

Quinoa Z Kurczaka I Pomidorów

Czas przygotowania: 10 minut
Czas gotowania: 35 minut
Porcje: 8

Składniki:
- 1 łyżka oliwy z oliwek
- 2 funty piersi z kurczaka, bez skóry, bez kości, przekrojone na pół
- 1 łyżeczka rozmarynu, mielonego
- Szczypta soli i czarnego pieprzu
- 2 szalotki, posiekane
- 1 łyżka oliwy z oliwek
- 3 łyżki niskosodowego sosu pomidorowego
- 2 szklanki komosy ryżowej, już ugotowanej

Wskazówki:
1. Rozgrzej patelnię z olejem na średnim ogniu, dodaj mięso i szalotki i smaż przez 2 minuty z każdej strony.
2. Dodaj rozmaryn i pozostałe składniki, wymieszaj, włóż do piekarnika i gotuj w temperaturze 370 stopni F przez 30 minut.
3. Podziel mieszankę między talerze i podawaj.

Odżywianie: kalorie 406, tłuszcz 14,5, błonnik 3,1, węglowodany 28,1, białko 39

Ziele angielskie Skrzydełka Z Kurczaka

Czas przygotowania: 10 minut
Czas gotowania: 20 minut
Porcje: 4

Składniki:
- 2 funty skrzydełka z kurczaka
- 2 łyżeczki ziela angielskiego, mielonego
- 2 łyżki oleju z awokado
- 5 ząbków czosnku, posiekanych
- Czarny pieprz do smaku
- 2 łyżki szczypiorku, posiekanego

Wskazówki:
1. W misce połącz skrzydełka z kurczaka z ziele angielskie i pozostałymi składnikami i dobrze wymieszaj.
2. Ułóż skrzydełka z kurczaka w brytfannie i piecz w temperaturze 400 stopni F przez 20 minut.
3. Podziel skrzydełka z kurczaka między talerze i podawaj.

Odżywianie: kalorie 449, tłuszcz 17,8, błonnik 0,6, węglowodany 2,4, białko 66,1

Kurczak I Śnieżny Groszek

Czas przygotowania: 10 minut
Czas gotowania: 30 minut
Porcje: 4

Składniki:
- 2 funty piersi z kurczaka, bez skóry, bez kości i pokrojone w kostkę
- 2 szklanki groszku śnieżnego
- 2 łyżki oliwy z oliwek
- 1 czerwona cebula, posiekana
- 1 szklanka sosu pomidorowego z puszki, bez dodatku soli
- 2 łyżki natki pietruszki, posiekanej
- Szczypta czarnego pieprzu

Wskazówki:
1. Rozgrzej patelnię z olejem na średnim ogniu, dodaj cebulę i mięso, smaż przez 5 minut.
2. Dodać groszek i pozostałe składniki, doprowadzić do wrzenia i gotować na średnim ogniu przez 25 minut.
3. Podziel mieszankę między talerze i podawaj.

Odżywianie: kalorie 551, tłuszcz 24,2, błonnik 3,8, węglowodany 11,7, białko 69,4

Brokuły z indyka i kminku

Czas przygotowania: 10 minut
Czas gotowania: 30 minut
Porcje: 4

Składniki:
- 1 czerwona cebula, posiekana
- 1 funt piersi z indyka, bez skóry, bez kości, pokrojony w kostkę
- 2 szklanki różyczek brokuła
- 1 łyżeczka kminku, mielonego
- 3 ząbki czosnku, posiekane
- 2 łyżki oliwy z oliwek
- 14 uncji mleka kokosowego
- Szczypta czarnego pieprzu
- ¼ szklanki kolendry, posiekanej

Wskazówki:
1. Rozgrzej garnek z olejem na średnim ogniu, dodaj cebulę i czosnek, wymieszaj i smaż przez 5 minut.
2. Dodaj indyka, wymieszaj i smaż przez 5 minut.
3. Dodać brokuły i pozostałe składniki, doprowadzić do wrzenia na średnim ogniu i gotować przez 20 minut.
4. Podziel mieszankę między talerze i podawaj.

Odżywianie: kalorie 438, tłuszcz 32,9, błonnik 4,7, węglowodany 16,8, białko 23,5

Goździki Kurczak

Czas przygotowania: 10 minut
Czas gotowania: 30 minut
Porcje: 4

Składniki:
- 1 funt piersi z kurczaka, bez skóry, bez kości i pokrojony w kostkę
- 1 szklanka bulionu z kurczaka o niskiej zawartości sodu
- 1 łyżka oleju z awokado
- 2 łyżeczki goździków, mielonych
- 1 żółta cebula, posiekana
- 2 łyżeczki słodkiej papryki
- 3 pomidory, pokrojone w kostkę
- Szczypta soli i czarnego pieprzu
- ½ szklanki natki pietruszki, posiekanej

Wskazówki:
1. Rozgrzej patelnię z olejem na średnim ogniu, dodaj cebulę i smaż przez 5 minut.
2. Dodaj kurczaka i smaż jeszcze przez 5 minut.
3. Dodać bulion i pozostałe składniki, doprowadzić do wrzenia i gotować na średnim ogniu jeszcze przez 20 minut.
4. Podziel mieszankę między talerze i podawaj.

Odżywianie: kalorie 324, tłuszcz 12,3, błonnik 5, węglowodany 33,10, białko 22,4

Kurczak Z Imbirowymi Karczochami

Czas przygotowania: 10 minut
Czas gotowania: 30 minut
Porcje: 4

Składniki:
- 2 piersi z kurczaka, bez skóry, bez kości, przekrojone na pół
- 1 łyżka imbiru, startego
- 1 szklanka pomidorów z puszki, bez dodatku soli, posiekanych
- 10 uncji karczochów w puszkach, bez dodatku soli, odsączonych i poćwiartowanych
- 2 łyżki soku z cytryny
- 2 łyżki oliwy z oliwek
- Szczypta czarnego pieprzu

Wskazówki:
1. Rozgrzej patelnię z olejem na średnim ogniu, dodaj imbir i karczochy, wymieszaj i smaż przez 5 minut.
2. Dodaj kurczaka i gotuj jeszcze przez 5 minut.
3. Dodać pozostałe składniki, doprowadzić do wrzenia i gotować jeszcze 20 minut.
4. Podziel wszystko na talerze i podawaj.

Odżywianie: kalorie 300, tłuszcz 14,5, błonnik 5,3, węglowodany 16,4, białko 15,1

Mieszanka indyka i pieprzu

Czas przygotowania: 10 minut
Czas gotowania: 30 minut
Porcje: 4

Składniki:
- ½ łyżki czarnego pieprzu
- 1 łyżka oliwy z oliwek
- 1 funt piersi z indyka, bez skóry, bez kości, pokrojony w kostkę
- 1 szklanka bulionu z kurczaka o niskiej zawartości sodu
- 3 ząbki czosnku, posiekane
- 2 pomidory, pokrojone w kostkę
- Szczypta czarnego pieprzu
- 2 łyżki dymki, posiekanej

Wskazówki:
1. Rozgrzej patelnię z olejem na średnim ogniu, dodaj czosnek i indyka, smaż przez 5 minut.
2. Dodać ziarna pieprzu i pozostałe składniki, doprowadzić do wrzenia i gotować na średnim ogniu przez 25 minut.
3. Podziel mieszankę między talerze i podawaj.

Odżywianie: kalorie 313, tłuszcz 13,3, błonnik 7, węglowodany 23,4, białko 16

Udka z kurczaka i warzywa rozmarynowe

Czas przygotowania: 10 minut
Czas gotowania: 40 minut
Porcje: 4

Składniki:
- 2 funty piersi z kurczaka, bez skóry, bez kości i pokrojone w kostkę
- 1 marchewka pokrojona w kostkę
- 1 łodyga selera, posiekana
- 1 pomidor, pokrojony w kostkę
- 2 małe czerwone cebule, pokrojone
- 1 cukinia pokrojona w kostkę
- 2 ząbki czosnku, posiekane
- 1 łyżka rozmarynu, posiekanego
- 2 łyżki oliwy z oliwek
- Czarny pieprz do smaku
- ½ szklanki bulionu warzywnego o niskiej zawartości sodu

Wskazówki:
1. Rozgrzać patelnię z olejem na średnim ogniu, dodać cebulę i czosnek, wymieszać i smażyć przez 5 minut.
2. Dodać kurczaka, wymieszać i smażyć jeszcze przez 5 minut.
3. Dodać marchewkę i pozostałe składniki, wymieszać, doprowadzić do wrzenia i gotować na średnim ogniu przez 30 minut.
4. Podziel mieszankę między talerze i podawaj.

Odżywianie: kalorie 325, tłuszcz 22,5, błonnik 6,1, węglowodany 15,5, białko 33,2

Kurczak Z Marchewką I Kapustą

Czas przygotowania: 10 minut
Czas gotowania: 25 minut
Porcje: 4

Składniki:
- 1 funt piersi z kurczaka, bez skóry, bez kości i pokrojony w kostkę
- 2 łyżki oliwy z oliwek
- 2 marchewki, obrane i starte
- 1 łyżeczka słodkiej papryki
- ½ szklanki bulionu warzywnego o niskiej zawartości sodu
- 1 główka czerwonej kapusty, poszatkowana
- 1 żółta cebula, posiekana
- Czarny pieprz do smaku

Wskazówki:
1. Rozgrzać patelnię z olejem na średnim ogniu, dodać cebulę, wymieszać i smażyć przez 5 minut.
2. Dodać mięso, smażyć jeszcze 5 minut.
3. Dodać marchewkę i pozostałe składniki, wymieszać, doprowadzić do wrzenia i gotować na średnim ogniu przez 15 minut.
4. Podziel wszystko na talerze i podawaj.

Odżywianie: kalorie 370, tłuszcz 22,2, błonnik 5,2, węglowodany 44,2, białko 24,2

Kanapka Z Bakłażanem I Indykiem

Czas przygotowania: 10 minut
Czas gotowania: 25 minut
Porcje: 4

Składniki:
- 1 pierś z indyka, bez skóry, bez kości, pokrojona na 4 części
- 1 bakłażan, pokrojony na 4 plastry
- Czarny pieprz do smaku
- 1 łyżka oliwy z oliwek
- 1 łyżka oregano, posiekanego
- ½ szklanki sosu pomidorowego o niskiej zawartości sodu
- ½ szklanki niskotłuszczowego sera cheddar, posiekanego
- 4 kromki chleba pełnoziarnistego

Wskazówki:
1. Rozgrzej grill na średnim ogniu, dodaj plastry indyka, skrop je połową oleju, posyp czarnym pieprzem, smaż przez 8 minut z każdej strony i przełóż na talerz.
2. Ułóż plastry bakłażana na rozgrzanym grillu, skrop je resztą oleju, dopraw również czarnym pieprzem, smaż przez 4 minuty z każdej strony i przełóż na talerz z plastrami indyka.
3. Ułóż 2 kromki chleba na blacie, na każdej podziel ser, na każdej plastry bakłażana i indyka, posyp oregano, polej całość sosem i ułóż pozostałe 2 kromki chleba.
4. Podziel kanapki na talerze i podawaj.

Odżywianie: kalorie 280, tłuszcz 12,2, błonnik 6, węglowodany 14, białko 12

Proste tortille z indyka i cukinii

Czas przygotowania: 10 minut
Czas gotowania: 20 minut
Porcje: 4

Składniki:
- 4 pełnoziarniste tortille
- ½ szklanki beztłuszczowego jogurtu
- 1 funt piersi z indyka, bez skóry, bez kości i pokrojony w paski
- 1 łyżka oliwy z oliwek
- 1 czerwona cebula, pokrojona w plasterki
- 1 cukinia pokrojona w kostkę
- 2 pomidory, pokrojone w kostkę
- Czarny pieprz do smaku

Wskazówki:
1. Rozgrzać patelnię z olejem na średnim ogniu, dodać cebulę, wymieszać i smażyć przez 5 minut.
2. Dodać cukinię i pomidory, wymieszać i smażyć jeszcze 2 minuty.
3. Dodać mięso z indyka, wymieszać i gotować jeszcze 13 minut.
4. Rozłóż jogurt na każdej tortilli, dodaj podziel indyka i mieszankę cukinii, zawiń, podziel na talerze i podawaj.

Odżywianie: kalorie 290, tłuszcz 13,4, błonnik 3,42, węglowodany 12,5, białko 6,9

Kurczak Z Papryką I Bakłażanem Pan

Czas przygotowania: 10 minut
Czas gotowania: 25 minut
Porcje: 4

Składniki:
- 2 piersi z kurczaka, bez skóry, bez kości, pokrojone w kostkę
- 1 czerwona cebula, posiekana
- 2 łyżki oliwy z oliwek
- 1 bakłażan, pokrojony w kostkę
- 1 czerwona papryka pokrojona w kostkę
- 1 żółta papryka pokrojona w kostkę
- Czarny pieprz do smaku
- 2 szklanki mleka kokosowego

Wskazówki:
4. Rozgrzać patelnię z olejem na średnim ogniu, dodać cebulę, wymieszać i smażyć przez 3 minuty.
5. Dodać paprykę, wymieszać i smażyć jeszcze 2 minuty.
6. Dodać kurczaka i pozostałe składniki, wymieszać, doprowadzić do wrzenia i gotować na średnim ogniu jeszcze przez 20 minut.
7. Podziel wszystko na talerze i podawaj.

Odżywianie: kalorie 310, tłuszcz 14,7, błonnik 4, węglowodany 14,5, białko 12,6

Indyk pieczony w occie balsamicznym

Czas przygotowania: 10 minut
Czas gotowania: 40 minut
Porcje: 4

Składniki:
- 1 duża pierś z indyka, bez skóry, bez kości, pokrojona w plastry
- 2 łyżki octu balsamicznego
- 1 łyżka oliwy z oliwek
- 2 ząbki czosnku, posiekane
- 1 łyżka włoskiej przyprawy
- Czarny pieprz do smaku
- 1 łyżka kolendry, posiekanej

Wskazówki:
1. W naczyniu do pieczenia wymieszaj indyka z octem, olejem i pozostałymi składnikami, wymieszaj, włóż do piekarnika nagrzanego do 400 stopni F i piecz przez 40 minut.
2. Podziel wszystko na talerze i podawaj z sałatką boczną.

Odżywianie: kalorie 280, tłuszcz 12,7, błonnik 3, węglowodany 22,1, białko 14

Mieszanka sera cheddar z indyka

Czas przygotowania: 10 minut
Czas gotowania: 1 godzina
Porcje: 4

Składniki:
- 1 funt piersi z indyka, bez skóry, bez kości i pokrojony w plastry
- 2 łyżki oliwy z oliwek
- 1 szklanka pomidorów z puszki, bez dodatku soli, posiekanych
- Czarny pieprz do smaku
- 1 szklanka beztłuszczowego sera cheddar, posiekanego
- 2 łyżki natki pietruszki, posiekanej

Wskazówki:
1. Nasmaruj naczynie do pieczenia olejem, ułóż plastry indyka na patelni, rozłóż na nich pomidory, dopraw czarnym pieprzem, posyp serem i natką pietruszki, włóż do piekarnika nagrzanego do 400 stopni F i piecz przez 1 godzinę.
2. Podziel wszystko na talerze i podawaj.

Odżywianie: kalorie 350, tłuszcz 13,1, błonnik 4, węglowodany 32,4, białko 14,65

Parmezan Turcja

Czas przygotowania: 10 minut
Czas gotowania: 23 minuty
Porcje: 4

Składniki:
- 1 funt piersi z indyka, bez skóry, bez kości, pokrojony w kostkę
- 1 łyżka oliwy z oliwek
- ½ szklanki niskotłuszczowego parmezanu, startego
- 2 szalotki, posiekane
- 1 szklanka mleka kokosowego
- Czarny pieprz do smaku

Wskazówki:
1. Rozgrzej patelnię z olejem na średnim ogniu, dodaj szalotki, wymieszaj i smaż przez 5 minut.
2. Dodaj mięso, mleko kokosowe i czarny pieprz, wymieszaj i gotuj na średnim ogniu przez kolejne 15 minut.
3. Dodaj parmezan, gotuj przez 2-3 minuty, rozłóż wszystko na talerzach i podawaj.

Odżywianie: kalorie 320, tłuszcz 11,4, błonnik 3,5, węglowodany 14,3, białko 11,3

Kremowa Mieszanka Kurczaka I Krewetek

Czas przygotowania: 10 minut
Czas gotowania: 14 minut
Porcje: 4

Składniki:

- 1 łyżka oliwy z oliwek
- 1 funt piersi z kurczaka, bez skóry, bez kości i pokrojony w kostkę
- ¼ szklanki bulionu z kurczaka o niskiej zawartości sodu
- 1 funt krewetek, obranych i pozbawionych żyłek
- ½ szklanki śmietanki kokosowej
- 1 łyżka kolendry, posiekanej

Wskazówki:

1. Rozgrzej patelnię z olejem na średnim ogniu, dodaj kurczaka, wymieszaj i smaż przez 8 minut.
2. Dodaj krewetki i pozostałe składniki, wymieszaj, gotuj wszystko jeszcze przez 6 minut, rozłóż do miseczek i podawaj.

Odżywianie: kalorie 370, tłuszcz 12,3, błonnik 5,2, węglowodany 12,6, białko 8

Mieszanka bazylii z indyka i gorących szparagów

Czas przygotowania: 10 minut
Czas gotowania: 40 minut
Porcje: 4

Składniki:
- 1 funt piersi z indyka, bez skóry i pokrojony w paski
- 1 szklanka kremu kokosowego
- 1 szklanka bulionu z kurczaka o niskiej zawartości sodu
- 2 łyżki natki pietruszki, posiekanej
- 1 pęczek szparagów, przyciętych i przekrojonych na pół
- 1 łyżeczka chili w proszku
- 2 łyżki oliwy z oliwek
- Szczypta soli morskiej i czarnego pieprzu

Wskazówki:
1. Rozgrzej patelnię z olejem na średnim ogniu, dodaj indyka i trochę czarnego pieprzu, wymieszaj i smaż przez 5 minut.
2. Dodać szparagi, chili w proszku i pozostałe składniki, wymieszać, doprowadzić do wrzenia i gotować na średnim ogniu przez kolejne 30 minut.
3. Podziel wszystko na talerze i podawaj.

Odżywianie: kalorie 290, tłuszcz 12,10, błonnik 4,6, węglowodany 12,7, białko 24

Mieszanka z indyka nerkowca

Czas przygotowania: 10 minut
Czas gotowania: 40 minut
Porcje: 4

Składniki:
- 1 funt piersi z indyka, bez skóry, bez kości, pokrojony w kostkę
- 1 szklanka orzechów nerkowca, posiekanych
- 1 żółta cebula, posiekana
- ½ łyżki oliwy z oliwek
- Czarny pieprz do smaku
- ½ łyżeczki słodkiej papryki
- 2 i ½ łyżki masła z orzechów nerkowca
- ¼ szklanki bulionu z kurczaka o niskiej zawartości sodu
- 1 łyżka kolendry, posiekanej

Wskazówki:
1. Rozgrzać patelnię z olejem na średnim ogniu, dodać cebulę, wymieszać i smażyć przez 5 minut.
2. Dodać mięso i smażyć jeszcze 5 minut.
3. Dodać pozostałe składniki, wymieszać, doprowadzić do wrzenia i gotować na średnim ogniu przez 30 minut.
4. Podziel całą mieszankę między talerze i podawaj.

Odżywianie: kalorie 352, tłuszcz 12,7, błonnik 6,2, węglowodany 33,2, białko 13,5

Indyk i jagody

Czas przygotowania: 10 minut
Czas gotowania: 35 minut
Porcje: 4

Składniki:
- 2 funty piersi z indyka, bez skóry, bez kości, pokrojone w kostkę
- 1 łyżka oliwy z oliwek
- 1 czerwona cebula, posiekana
- 1 szklanka żurawiny
- 1 szklanka bulionu z kurczaka o niskiej zawartości sodu
- ¼ szklanki kolendry, posiekanej
- Czarny pieprz do smaku

Wskazówki:
1. Rozgrzej garnek z olejem na średnim ogniu, dodaj cebulę, wymieszaj i smaż przez 5 minut.
2. Dodać mięso, jagody i pozostałe składniki, doprowadzić do wrzenia i gotować na średnim ogniu jeszcze przez 30 minut.
3. Podziel mieszankę między talerze i podawaj.

Odżywianie: kalorie 293, tłuszcz 7,3, błonnik 2,8, węglowodany 14,7, białko 39,3

Pierś z Kurczaka Pięć Przypraw

Czas przygotowania: 5 minut
Czas gotowania: 35 minut
Porcje: 4

Składniki:
- 1 szklanka pomidorów, zmiażdżonych
- 1 łyżeczka pięciu przypraw
- 2 połówki piersi z kurczaka, bez skóry, bez kości, przekrojone na pół
- 1 łyżka oleju z awokado
- 2 łyżki aminokwasów kokosowych
- Czarny pieprz do smaku
- 1 łyżka ostrej papryki
- 1 łyżka kolendry, posiekanej

Wskazówki:
1. Rozgrzej patelnię z olejem na średnim ogniu, włóż mięso i smaż przez 2 minuty z każdej strony.
2. Dodać pomidory, pięć przypraw i pozostałe składniki, doprowadzić do wrzenia i gotować na średnim ogniu przez 30 minut.
3. Podziel całą mieszankę między talerze i podawaj.

Odżywianie: kalorie 244, tłuszcz 8,4, błonnik 1,1, węglowodany 4,5, białko 31

Indyk Z Spiced Greens

Czas przygotowania: 10 minut
Czas gotowania: 17 minut
Porcje: 4

Składniki:

- 1 funt piersi z indyka, bez kości, bez skóry i pokrojony w kostkę
- 1 szklanka zielonej musztardy
- 1 łyżeczka gałki muszkatołowej, mielonej
- 1 łyżeczka ziela angielskiego, mielonego
- 1 żółta cebula, posiekana
- Czarny pieprz do smaku
- 1 łyżka oliwy z oliwek

Wskazówki:

1. Rozgrzej patelnię z olejem na średnim ogniu, dodaj cebulę i mięso, smaż przez 5 minut.
2. Dodać pozostałe składniki, wymieszać, gotować na średnim ogniu jeszcze przez 12 minut, rozdzielić na talerze i podawać.

Odżywianie: kalorie 270, tłuszcz 8,4, błonnik 8,32, węglowodany 33,3, białko 9

Pieczarki Kurczak I Chili

Czas przygotowania: 10 minut
Czas gotowania: 20 minut
Porcje: 4

Składniki:
- 2 piersi z kurczaka, bez skóry, bez kości, przekrojone na pół
- ½ funta białych pieczarek, przekrojonych na pół
- 1 łyżka oliwy z oliwek
- 1 szklanka pomidorów z puszki, bez dodatku soli, posiekanych
- 2 łyżki migdałów, posiekanych
- 2 łyżki oliwy z oliwek
- ½ łyżeczki płatków chilli
- Czarny pieprz do smaku

Wskazówki:
1. Rozgrzej patelnię z olejem na średnim ogniu, dodaj grzyby, wymieszaj i smaż przez 5 minut.
2. Dodać mięso, wymieszać i smażyć jeszcze 5 minut.
3. Dodać pomidory i pozostałe składniki, doprowadzić do wrzenia i gotować na średnim ogniu przez 10 minut.
4. Podziel mieszankę między talerze i podawaj.

Odżywianie: kalorie 320, tłuszcz 12,2, błonnik 5,3, węglowodany 33,3, białko 15

Chili Kurczak i Pomidory Karczochy

Czas przygotowania: 10 minut
Czas gotowania: 20 minut
Porcje: 4

Składniki:
- 2 czerwone chili, posiekane
- 1 łyżka oliwy z oliwek
- 1 żółta cebula, posiekana
- 1 funt piersi z kurczaka, bez skóry, bez kości i pokrojony w kostkę
- 1 szklanka pomidorów, zmiażdżonych
- 10 uncji serc karczochów w puszkach, odsączonych i poćwiartowanych
- Czarny pieprz do smaku
- ½ szklanki bulionu z kurczaka o niskiej zawartości sodu
- 2 łyżki soku z limonki

Wskazówki:
1. Rozgrzać patelnię z olejem na średnim ogniu, dodać cebulę i chili, wymieszać i smażyć przez 5 minut.
2. Dodać mięso, wymieszać i smażyć jeszcze 5 minut.
3. Dodać pozostałe składniki, doprowadzić do wrzenia na średnim ogniu i gotować przez 10 minut.
4. Podziel mieszankę między talerze i podawaj.

Odżywianie: kalorie 280, tłuszcz 11,3, błonnik 5, węglowodany 14,5, białko 13,5

Mieszanka Kurczaka I Buraków

Czas przygotowania: 10 minut
Czas gotowania: 0 minut
Porcje: 4

Składniki:
- 1 marchewka, posiekana
- 2 buraki, obrane i pokrojone
- ½ szklanki majonezu z awokado
- 1 szklanka wędzonej piersi z kurczaka, bez skóry, bez kości, ugotowanej i rozdrobnionej
- 1 łyżeczka szczypiorku, posiekanego

Wskazówki:
1. W misce połącz kurczaka z burakami i pozostałymi składnikami, wymieszaj i od razu podawaj.

Odżywianie: kalorie 288, tłuszcz 24,6, błonnik 1,4, węglowodany 6,5, białko 14

Indyk z Sałatką Selerową

Czas przygotowania: 4 minuty
Czas gotowania: 0 minut
Porcje: 4

Składniki:
- 2 szklanki piersi z indyka, bez skóry, bez kości, ugotowane i rozdrobnione
- 1 szklanka łodyg selera, posiekanych
- 2 dymki, posiekane
- 1 szklanka czarnych oliwek, bez pestek i przekrojonych na pół
- 1 łyżka oliwy z oliwek
- 1 łyżeczka soku z limonki
- 1 szklanka beztłuszczowego jogurtu

Wskazówki:
1. W misce wymieszaj indyka z selerem i pozostałymi składnikami, wymieszaj i podawaj na zimno.

Odżywianie: kalorie 157, tłuszcz 8, błonnik 2, węglowodany 10,8, białko 11,5

Mieszanka udek z kurczaka i winogron

Czas przygotowania: 10 minut
Czas gotowania: 40 minut
Porcje: 4

Składniki:

- 1 marchewka pokrojona w kostkę
- 1 żółta cebula, pokrojona w plasterki
- 1 łyżka oliwy z oliwek
- 1 szklanka pomidorów, pokrojonych w kostkę
- ¼ szklanki bulionu z kurczaka o niskiej zawartości sodu
- 2 ząbki czosnku, posiekane
- 1 funt udek z kurczaka, bez skóry i kości
- 1 szklanka zielonych winogron
- Czarny pieprz do smaku

Wskazówki:

1. Nasmaruj blachę do pieczenia olejem, ułóż w niej udka z kurczaka i dodaj pozostałe składniki.
2. Piec w temperaturze 390 stopni F przez 40 minut, podzielić na talerze i podawać.

Odżywianie: kalorie 289, tłuszcz 12,1, błonnik 1,7, węglowodany 10,3, białko 33,9

Indyk i Cytrynowy Jęczmień

Czas przygotowania: 5 minut
Czas gotowania: 55 minut
Porcje: 4

Składniki:
- 1 łyżka oliwy z oliwek
- 1 pierś z indyka, bez skóry, bez kości, pokrojona w plastry
- Czarny pieprz do smaku
- 2 łodygi selera, posiekane
- 1 czerwona cebula, posiekana
- 2 szklanki bulionu z kurczaka o niskiej zawartości sodu
- ½ szklanki jęczmienia
- 1 łyżeczka startej skórki z cytryny
- 1 łyżka soku z cytryny
- 1 łyżka szczypiorku, posiekanego

Wskazówki:
1. Rozgrzej garnek z olejem na średnim ogniu, dodaj mięso i cebulę, wymieszaj i smaż przez 5 minut.
2. Dodać seler i pozostałe składniki, wymieszać, doprowadzić do wrzenia, zmniejszyć ogień do średniego, gotować na wolnym ogniu przez 50 minut, rozłożyć do miseczek i podawać.

Odżywianie: kalorie 150, tłuszcz 4,5, błonnik 4,9, węglowodany 20,8, białko 7,5

Indyk Z Mieszanką Buraczków I Rzodkiewek

Czas przygotowania: 10 minut
Czas gotowania: 35 minut
Porcje: 4

Składniki:
- 1 pierś z indyka, bez skóry, bez kości, pokrojona w kostkę
- 2 czerwone buraki, obrane i pokrojone w kostkę
- 1 szklanka rzodkiewek, pokrojonych w kostkę
- 1 czerwona cebula, posiekana
- ¼ szklanki bulionu z kurczaka o niskiej zawartości sodu
- Czarny pieprz do smaku
- 1 łyżka oliwy z oliwek
- 2 łyżki szczypiorku, posiekanego

Wskazówki:
1. Rozgrzej patelnię z olejem na średnim ogniu, dodaj mięso i cebulę, wymieszaj i smaż przez 5 minut.
2. Dodać buraki, rzodkiewki i pozostałe składniki, doprowadzić do wrzenia i gotować na średnim ogniu jeszcze przez 30 minut.
3. Podziel mieszankę między talerze i podawaj.

Odżywianie: kalorie 113, tłuszcz 4,4, błonnik 2,3, węglowodany 10,4, białko 8,8

Mieszanka wieprzowo-czosnkowa

Czas przygotowania: 10 minut
Czas gotowania: 45 minut
Porcje: 8

Składniki:
- 2 funty mięsa wieprzowego, bez kości i pokrojone w kostkę
- 1 czerwona cebula, posiekana
- 1 łyżka oliwy z oliwek
- 3 ząbki czosnku, posiekane
- 1 szklanka bulionu wołowego o niskiej zawartości sodu
- 2 łyżki słodkiej papryki
- Czarny pieprz do smaku
- 1 łyżka szczypiorku, posiekanego

Wskazówki:
1. Rozgrzej patelnię z olejem na średnim ogniu, dodaj cebulę i mięso, wymieszaj i smaż przez 5 minut.
2. Dodaj pozostałe składniki, wymieszaj, zmniejsz ogień do średniego, przykryj i gotuj przez 40 minut.
3. Podziel mieszankę między talerze i podawaj.

Odżywianie: kalorie 407, tłuszcz 35,4, błonnik 1, węglowodany 5, białko 14,9

Wieprzowina Paprykowa Z Marchewką

Czas przygotowania: 10 minut
Czas gotowania: 30 minut
Porcje: 4

Składniki:

- 1 funt gulaszu wieprzowego, pokrojonego w kostkę
- ¼ szklanki bulionu warzywnego o niskiej zawartości sodu
- 2 marchewki, obrane i pokrojone w plasterki
- 2 łyżki oliwy z oliwek
- 1 czerwona cebula, pokrojona w plasterki
- 2 łyżeczki słodkiej papryki
- Czarny pieprz do smaku

Wskazówki:

1. Rozgrzać patelnię z olejem na średnim ogniu, dodać cebulę, wymieszać i smażyć przez 5 minut.
2. Dodać mięso, wymieszać i smażyć jeszcze 5 minut.
3. Dodać pozostałe składniki, doprowadzić do wrzenia i gotować na średnim ogniu przez 20 minut.
4. Podziel mieszankę między talerze i podawaj.

Odżywianie: kalorie 328, tłuszcz 18,1, błonnik 1,8, węglowodany 6,4, białko 34

Imbirowa wieprzowina i cebula

Czas przygotowania: 10 minut
Czas gotowania: 35 minut
Porcje: 4

Składniki:
- 2 czerwone cebule, pokrojone
- 2 zielone cebule, posiekane
- 1 łyżka oliwy z oliwek
- 2 łyżeczki imbiru, startego
- 4 kotlety schabowe
- 3 ząbki czosnku, posiekane
- Czarny pieprz do smaku
- 1 marchewka, posiekana
- 1 szklanka bulionu wołowego o niskiej zawartości sodu
- 2 łyżki koncentratu pomidorowego
- 1 łyżka kolendry, posiekanej

Wskazówki:
1. Rozgrzej patelnię z olejem na średnim ogniu, dodaj zieloną i czerwoną cebulę, wymieszaj i smaż przez 3 minuty.
2. Dodać czosnek i imbir, wymieszać i smażyć jeszcze 2 minuty.
3. Dodaj kotlety wieprzowe i smaż je przez 2 minuty z każdej strony.
4. Dodać pozostałe składniki, doprowadzić do wrzenia i gotować na średnim ogniu jeszcze przez 25 minut.
5. Podziel mieszankę między talerze i podawaj.

Odżywianie: kalorie 332, tłuszcz 23,6, błonnik 2,3, węglowodany 10,1, białko 19,9

wieprzowina z kminkiem

Czas przygotowania: 10 minut
Czas gotowania: 45 minut
Porcje: 4

Składniki:
- ½ szklanki bulionu wołowego o niskiej zawartości sodu
- 2 łyżki oliwy z oliwek
- 2 funty gulaszu wieprzowego, pokrojonego w kostkę
- 1 łyżeczka kolendry, mielonej
- 2 łyżeczki kminku, mielonego
- Czarny pieprz do smaku
- 1 szklanka pomidorków koktajlowych, przekrojonych na pół
- 4 ząbki czosnku, posiekane
- 1 łyżka kolendry, posiekanej

Wskazówki:
1. Rozgrzej patelnię z olejem na średnim ogniu, dodaj czosnek i mięso, wymieszaj i smaż przez 5 minut.
2. Dodać bulion i pozostałe składniki, doprowadzić do wrzenia i gotować na średnim ogniu przez 40 minut.
3. Podziel wszystko na talerze i podawaj.

Odżywianie: kalorie 559, tłuszcz 29,3, błonnik 0,7, węglowodany 3,2, białko 67,4

Mieszanka wieprzowiny i zieleniny

Czas przygotowania: 10 minut
Czas gotowania: 20 minut
Porcje: 4

Składniki:
- 2 łyżki octu balsamicznego
- 1/3 szklanki aminokwasów kokosowych
- 1 łyżka oliwy z oliwek
- 4 uncje mieszanych sałatek
- 1 szklanka pomidorków koktajlowych, przekrojonych na pół
- 4 uncje gulaszu wieprzowego, pokrojonego w paski
- 1 łyżka szczypiorku, posiekanego

Wskazówki:
1. Rozgrzej patelnię z olejem na średnim ogniu, dodaj wieprzowinę, aminokwasy i ocet, wymieszaj i gotuj przez 15 minut.
2. Dodaj zieloną sałatę i pozostałe składniki, wymieszaj, gotuj jeszcze przez 5 minut, podziel na talerze i podawaj.

Odżywianie: kalorie 125, tłuszcz 6,4, błonnik 0,6, węglowodany 6,8, białko 9,1

Tymiankowa Patelnia Wieprzowa

Czas przygotowania: 10 minut
Czas gotowania: 25 minut
Porcje: 4

Składniki:
- 1 funtowy tyłek wieprzowy, przycięty i pokrojony w kostkę
- 1 łyżka oliwy z oliwek
- 1 żółta cebula, posiekana
- 3 ząbki czosnku, posiekane
- 1 łyżka suszonego tymianku
- 1 szklanka bulionu z kurczaka o niskiej zawartości sodu
- 2 łyżki koncentratu pomidorowego o niskiej zawartości sodu
- 1 łyżka kolendry, posiekanej

Wskazówki:
1. Rozgrzej patelnię z olejem na średnim ogniu, dodaj cebulę i czosnek, wymieszaj i smaż przez 5 minut.
2. Dodać mięso, wymieszać i smażyć jeszcze 5 minut.
3. Dodać pozostałe składniki, wymieszać, doprowadzić do wrzenia, zmniejszyć ogień do średniego i gotować jeszcze przez 15 minut.
4. Podziel mieszankę na talerze i podawaj od razu.

Odżywianie:kalorie 281, tłuszcz 11,2, błonnik 1,4, węglowodany 6,8, białko 37,1

Wieprzowina Majeranek I Cukinia

Czas przygotowania: 10 minut
Czas gotowania: 30 minut
Porcje: 4

Składniki:
- 2 funty schabu wieprzowego bez kości, przycięte i pokrojone w kostkę
- 2 łyżki oleju z awokado
- ¾ szklanki bulionu warzywnego o niskiej zawartości sodu
- ½ łyżki czosnku w proszku
- 1 łyżka majeranku, posiekanego
- 2 cukinie, z grubsza pokrojone w kostkę
- 1 łyżeczka słodkiej papryki
- Czarny pieprz do smaku

Wskazówki:
1. Rozgrzej patelnię z olejem na średnim ogniu, dodaj mięso, czosnek w proszku i majeranek, wymieszaj i smaż przez 10 minut.
2. Dodać cukinię i pozostałe składniki, wymieszać, doprowadzić do wrzenia, zmniejszyć ogień do średniego i gotować jeszcze przez 20 minut.
3. Podziel wszystko na talerze i podawaj.

Odżywianie: kalorie 359, tłuszcz 9,1, błonnik 2,1, węglowodany 5,7, białko 61,4

Przyprawiona Wieprzowina

Czas przygotowania: 10 minut
Czas gotowania: 8 godzin
Porcje: 4

Składniki:
- 3 łyżki oliwy z oliwek
- 2 funty pieczeni z łopatki wieprzowej
- 2 łyżeczki słodkiej papryki
- 1 łyżeczka czosnku w proszku
- 1 łyżeczka cebuli w proszku
- 1 łyżeczka gałki muszkatołowej, mielonej
- 1 łyżeczka ziela angielskiego, mielonego
- Czarny pieprz do smaku
- 1 szklanka bulionu warzywnego o niskiej zawartości sodu

Wskazówki:
1. W wolnej kuchence połącz pieczeń z olejem i pozostałymi składnikami, wymieszaj, przykryj i gotuj na poziomie Low przez 8 godzin.
2. Pokrój pieczeń, podziel na talerze i podawaj polane sosem z gotowania.

Odżywianie: kalorie 689, tłuszcz 57,1, błonnik 1, węglowodany 3,2, białko 38,8

Kokosowa Wieprzowina I Seler

Czas przygotowania: 10 minut
Czas gotowania: 35 minut
Porcje: 4

Składniki:
- 2 funty gulaszu wieprzowego, pokrojonego w kostkę
- 2 łyżki oliwy z oliwek
- 1 szklanka bulionu warzywnego o niskiej zawartości sodu
- 1 łodyga selera, posiekana
- 1 łyżeczka czarnego pieprzu
- 2 szalotki, posiekane
- 1 łyżka szczypiorku, posiekanego
- 1 szklanka kremu kokosowego
- Czarny pieprz do smaku

Wskazówki:
1. Rozgrzej patelnię z olejem na średnim ogniu, dodaj szalotki i mięso, wymieszaj i smaż przez 5 minut.
2. Dodać seler i pozostałe składniki, wymieszać, doprowadzić do wrzenia i gotować na średnim ogniu przez kolejne 30 minut.
3. Podziel wszystko na talerze i podawaj od razu.

Odżywianie: kalorie 690, tłuszcz 43,3, błonnik 1,8, węglowodany 5,7, białko 6,2

Mieszanka wieprzowiny i pomidorów

Czas przygotowania: 10 minut
Czas gotowania: 30 minut
Porcje: 4

Składniki:
- 2 ząbki czosnku, posiekane
- 2 funty gulaszu wieprzowego, mielonego
- 2 szklanki pomidorków koktajlowych, przekrojonych na pół
- 1 łyżka oliwy z oliwek
- Czarny pieprz do smaku
- 1 czerwona cebula, posiekana
- ½ szklanki bulionu warzywnego o niskiej zawartości sodu
- 2 łyżki koncentratu pomidorowego o niskiej zawartości sodu
- 1 łyżka natki pietruszki, posiekanej

Wskazówki:
1. Rozgrzej patelnię z olejem na średnim ogniu, dodaj cebulę i czosnek, wymieszaj i smaż przez 5 minut.
2. Dodać mięso i smażyć jeszcze 5 minut.
3. Dodać pozostałe składniki, wymieszać, doprowadzić do wrzenia, gotować na średnim ogniu jeszcze przez 20 minut, rozłożyć do miseczek i podawać.

Odżywianie: kalorie 558, tłuszcz 25,6, błonnik 2,4, węglowodany 10,1, białko 68,7

Szałwiowe Kotlety Wieprzowe

Czas przygotowania: 10 minut
Czas gotowania: 35 minut
Porcje: 4

Składniki:
- 4 kotlety schabowe
- 2 łyżki oliwy z oliwek
- 1 łyżeczka wędzonej papryki
- 1 łyżka szałwii, posiekanej
- 2 ząbki czosnku, posiekane
- 1 łyżka soku z cytryny
- Czarny pieprz do smaku

Wskazówki:
1. W naczyniu do zapiekania połączyć kotlety wieprzowe z olejem i pozostałymi składnikami, wymieszać, włożyć do piekarnika i piec w temperaturze 400 stopni F przez 35 minut.
2. Rozłóż kotlety wieprzowe na talerzach i podawaj z sałatką boczną.

Odżywianie: kalorie 263, tłuszcz 12,4, błonnik 6, węglowodany 22,2, białko 16

Tajska wieprzowina i bakłażan

Czas przygotowania: 10 minut
Czas gotowania: 30 minut
Porcje: 4

Składniki:
- 1 funt gulaszu wieprzowego, pokrojonego w kostkę
- 1 bakłażan, pokrojony w kostkę
- 1 łyżka aminokwasów kokosowych
- 1 łyżeczka pięciu przypraw
- 2 ząbki czosnku, posiekane
- 2 tajskie chilli, posiekane
- 2 łyżki oliwy z oliwek
- 2 łyżki koncentratu pomidorowego o niskiej zawartości sodu
- 1 łyżka kolendry, posiekanej
- ½ szklanki bulionu warzywnego o niskiej zawartości sodu

Wskazówki:
1. Rozgrzej patelnię z olejem na średnim ogniu, dodaj czosnek, chili i mięso, smaż przez 6 minut.
2. Dodać bakłażana i pozostałe składniki, doprowadzić do wrzenia i gotować na średnim ogniu przez 24 minuty.
3. Podziel mieszankę między talerze i podawaj.

Odżywianie: kalorie 320, tłuszcz 13,4, błonnik 5,2, węglowodany 22,8, białko 14

Scallions wieprzowe i limonkowe

Czas przygotowania: 10 minut
Czas gotowania: 30 minut
Porcje: 4

Składniki:
- 2 łyżki soku z limonki
- 4 szalotki, posiekane
- 1 funt gulaszu wieprzowego, pokrojonego w kostkę
- 2 ząbki czosnku, posiekane
- 2 łyżki oliwy z oliwek
- Czarny pieprz do smaku
- ½ szklanki bulionu warzywnego o niskiej zawartości sodu
- 1 łyżka kolendry, posiekanej

Wskazówki:
1. Rozgrzej patelnię z olejem na średnim ogniu, dodaj cebulę i czosnek, wymieszaj i smaż przez 5 minut.
2. Dodać mięso, wymieszać i smażyć jeszcze 5 minut.
3. Dodać pozostałe składniki, doprowadzić do wrzenia i gotować na średnim ogniu przez 20 minut.
4. Podziel mieszankę między talerze i podawaj.

Odżywianie: kalorie 273, tłuszcz 22,4, błonnik 5, węglowodany 12,5, białko 18

wieprzowina balsamiczna

Czas przygotowania: 10 minut
Czas gotowania: 30 minut
Porcje: 4

Składniki:

- 1 czerwona cebula, pokrojona w plasterki
- 1 funt gulaszu wieprzowego, pokrojonego w kostkę
- 2 czerwone chili, posiekane
- 2 łyżki octu balsamicznego
- ½ szklanki liści kolendry, posiekanych
- Czarny pieprz do smaku
- 2 łyżki oliwy z oliwek
- 1 łyżka niskosodowego sosu pomidorowego

Wskazówki:

1. Rozgrzej patelnię z olejem na średnim ogniu, dodaj cebulę i chili, wymieszaj i smaż przez 5 minut.
2. Dodać mięso, wymieszać i smażyć jeszcze 5 minut.
3. Dodać pozostałe składniki, wymieszać, doprowadzić do wrzenia i gotować na średnim ogniu przez kolejne 20 minut.
4. Podziel wszystko na talerze i podawaj od razu.

Odżywianie: kalorie 331, tłuszcz 13,3, błonnik 5, węglowodany 22,7, białko 17

wieprzowina z pesto

Czas przygotowania: 10 minut
Czas gotowania: 36 minut
Porcje: 4

Składniki:
- 2 łyżki oliwy z oliwek
- 2 dymki, posiekane
- 1 funt kotletów wieprzowych
- 2 łyżki pesto bazyliowego
- 1 szklanka pomidorków koktajlowych, pokrojonych w kostkę
- 2 łyżki koncentratu pomidorowego o niskiej zawartości sodu
- ½ szklanki natki pietruszki, posiekanej
- ½ szklanki bulionu warzywnego o niskiej zawartości sodu
- Czarny pieprz do smaku

Wskazówki:
1. Rozgrzej patelnię z oliwą z oliwek na średnim ogniu, dodaj dymkę i kotlety wieprzowe, smaż przez 3 minuty z każdej strony.
2. Dodać pesto i pozostałe składniki, delikatnie wymieszać, doprowadzić do wrzenia i gotować na średnim ogniu jeszcze przez 30 minut.
3. Podziel wszystko na talerze i podawaj.

Odżywianie: kalorie 293, tłuszcz 11,3, błonnik 4,2, węglowodany 22,2, białko 14

Papryka wieprzowa i pietruszka

Czas przygotowania: 10 minut
Czas gotowania: 1 godzina
Porcje: 4

Składniki:
- 1 zielona papryka, posiekana
- 1 czerwona papryka, posiekana
- 1 żółta papryka, posiekana
- 1 czerwona cebula, posiekana
- 1 funt kotletów wieprzowych
- 1 łyżka oliwy z oliwek
- Czarny pieprz do smaku
- 26 uncji pomidorów w puszkach, bez dodatku soli i posiekanych
- 2 łyżki natki pietruszki, posiekanej

Wskazówki:
1. Nasmaruj brytfannę olejem, ułóż w niej kotlety schabowe i dodaj pozostałe składniki.
2. Piecz w temperaturze 390 stopni F przez 1 godzinę, podziel wszystko na talerze i podawaj.

Odżywianie: kalorie 284, tłuszcz 11,6, błonnik 2,6, węglowodany 22,2, białko 14

Mieszanka jagnięca z kminkiem

Czas przygotowania: 10 minut
Czas gotowania: 25 minut
Porcje: 4

Składniki:
- 1 łyżka oliwy z oliwek
- 1 czerwona cebula, posiekana
- 1 szklanka pomidorków koktajlowych, przekrojonych na pół
- 1 funt mięsa z gulaszu jagnięcego, mielonego
- 1 łyżka chili w proszku
- Czarny pieprz do smaku
- 2 łyżeczki kminku, mielonego
- 1 szklanka bulionu warzywnego o niskiej zawartości sodu
- 2 łyżki kolendry, posiekanej

Wskazówki:
1. Rozgrzej patelnię z olejem na średnim ogniu, dodaj cebulę, jagnięcinę i chili w proszku, wymieszaj i smaż przez 10 minut.
2. Dodać pozostałe składniki, wymieszać, gotować na średnim ogniu jeszcze 15 minut.
3. Rozłóż do miseczek i podawaj.

Odżywianie: kalorie 320, tłuszcz 12,7, błonnik 6, węglowodany 14,3, białko 22

Wieprzowina Z Rzodkiewkami I Fasolką Zieloną

Czas przygotowania: 10 minut
Czas gotowania: 35 minut
Porcje: 4

Składniki:

- 1 funt gulaszu wieprzowego, pokrojonego w kostkę
- 1 szklanka rzodkiewek, pokrojonych w kostkę
- ½ funta zielonej fasoli, przyciętej i przekrojonej na pół
- 1 żółta cebula, posiekana
- 1 łyżka oliwy z oliwek
- 2 ząbki czosnku, posiekane
- 1 szklanka pomidorów z puszki, bez dodatku soli i posiekanych
- 2 łyżeczki oregano, suszone
- Czarny pieprz do smaku

Wskazówki:

1. Rozgrzej patelnię z olejem na średnim ogniu, dodaj cebulę i czosnek, wymieszaj i smaż przez 5 minut.
2. Dodać mięso, wymieszać i smażyć jeszcze 5 minut.
3. Dodać pozostałe składniki, doprowadzić do wrzenia i gotować na średnim ogniu przez 25 minut.
4. Rozłóż wszystko do miseczek i podawaj.

Odżywianie: kalorie 289, tłuszcz 12, błonnik 8, węglowodany 13,2, białko 20

Jagnięcina z kopru włoskiego i pieczarki

Czas przygotowania: 10 minut
Czas gotowania: 40 minut
Porcje: 4

Składniki:
- 1 funt łopatki jagnięcej, bez kości i pokrojonej w kostkę
- 8 białych pieczarek, przekrojonych na pół
- 2 łyżki oliwy z oliwek
- 1 żółta cebula, posiekana
- 2 ząbki czosnku, posiekane
- 1 i ½ łyżki kopru włoskiego w proszku
- Czarny pieprz do smaku
- Pęczek szalotek, posiekanych
- 1 szklanka bulionu warzywnego o niskiej zawartości sodu

Wskazówki:
1. Rozgrzej patelnię z olejem na średnim ogniu, dodaj cebulę i czosnek, wymieszaj i smaż przez 5 minut.
2. Dodać mięso i grzyby, wymieszać i smażyć jeszcze 5 minut.
3. Dodać pozostałe składniki, wymieszać, doprowadzić do wrzenia i gotować na średnim ogniu przez 30 minut.
4. Rozłóż mieszankę do miseczek i podawaj.

Odżywianie: kalorie 290, tłuszcz 15,3, błonnik 7, węglowodany 14,9, białko 14

Patelnia Wieprzowiny I Szpinaku

Czas przygotowania: 10 minut
Czas gotowania: 30 minut
Porcje: 4

Składniki:
- 1 funt wieprzowiny, mielonej
- 2 łyżki oliwy z oliwek
- 1 czerwona cebula, posiekana
- ½ funta szpinaku baby
- 4 ząbki czosnku, posiekane
- ½ szklanki bulionu warzywnego o niskiej zawartości sodu
- ½ szklanki pomidorów z puszki, bez dodatku soli, posiekanych
- Czarny pieprz do smaku
- 1 łyżka szczypiorku, posiekanego

Wskazówki:
1. Rozgrzej patelnię z olejem na średnim ogniu, dodaj cebulę i czosnek, wymieszaj i smaż przez 5 minut.
2. Dodać mięso, wymieszać i smażyć jeszcze 5 minut.
3. Dodać pozostałe składniki oprócz szpinaku, wymieszać, doprowadzić do wrzenia, zmniejszyć ogień do średniego i gotować przez 15 minut.
4. Dodać szpinak, wymieszać, gotować jeszcze 5 minut, wszystko rozłożyć do miseczek i podawać.

Odżywianie: kalorie 270, tłuszcz 12, błonnik 6, węglowodany 22,2, białko 23

Wieprzowina Z Awokado

Czas przygotowania: 10 minut
Czas gotowania: 15 minut
Porcje: 4

Składniki:
- 2 szklanki szpinaku baby
- 1 funtowy stek wieprzowy, pokrojony w paski
- 1 łyżka oliwy z oliwek
- 1 szklanka pomidorków koktajlowych, przekrojonych na pół
- 2 awokado, obrane, pozbawione pestek i pokrojone w ósemki
- 1 łyżka octu balsamicznego
- ½ szklanki bulionu warzywnego o niskiej zawartości sodu

Wskazówki:
1. Rozgrzej patelnię z olejem na średnim ogniu, dodaj mięso, wymieszaj i smaż przez 10 minut.
2. Dodać szpinak i pozostałe składniki, wymieszać, gotować jeszcze 5 minut, rozłożyć do miseczek i podawać.

Odżywianie: kalorie 390, tłuszcz 12,5, błonnik 4, węglowodany 16,8, białko 13,5

Mieszanka wieprzowiny i jabłek

Czas przygotowania: 10 minut
Czas gotowania: 40 minut
Porcje: 4

Składniki:
- 2 funty gulaszu wieprzowego, pokrojonego w paski
- 2 zielone jabłka, pozbawione gniazd nasiennych i pokrojone w kliny
- 2 ząbki czosnku, posiekane
- 2 szalotki, posiekane
- 1 łyżka słodkiej papryki
- ½ łyżeczki chili w proszku
- 2 łyżki oleju z awokado
- 1 szklanka bulionu z kurczaka o niskiej zawartości sodu
- Czarny pieprz do smaku
- Szczypta płatków czerwonej papryczki chilli

Wskazówki:
1. Rozgrzej patelnię z olejem na średnim ogniu, dodaj szalotki i czosnek, wymieszaj i smaż przez 5 minut.
2. Dodaj mięso i smaż przez kolejne 5 minut.
3. Dodać jabłka i pozostałe składniki, wymieszać, doprowadzić do wrzenia i gotować na średnim ogniu przez kolejne 30 minut.
4. Podziel wszystko na talerze i podawaj.

Odżywianie: kalorie 365, tłuszcz 7, błonnik 6, węglowodany 15,6, białko 32,4

Cynamonowe Kotlety Wieprzowe

Czas przygotowania: 10 minut
Czas gotowania: 1 godzina i 10 minut
Porcje: 4

Składniki:

- 4 kotlety schabowe
- 2 łyżki oliwy z oliwek
- 2 ząbki czosnku, posiekane
- ¼ szklanki bulionu warzywnego o niskiej zawartości sodu
- 1 łyżka cynamonu w proszku
- Czarny pieprz do smaku
- 1 łyżeczka chili w proszku
- ½ łyżeczki cebuli w proszku

Wskazówki:

1. Na brytfannie połączyć kotlety wieprzowe z olejem i pozostałymi składnikami, wymieszać, włożyć do piekarnika i piec w temperaturze 390 stopni F przez 1 godzinę i 10 minut.
2. Rozłóż kotlety wieprzowe na talerzach i podawaj z sałatką boczną.

Odżywianie: kalorie 288, tłuszcz 5,5, błonnik 6, węglowodany 12,7, białko 23

Kokosowe Kotlety Wieprzowe

Czas przygotowania: 10 minut
Czas gotowania: 20 minut
Porcje: 4

Składniki:
- 2 łyżki oliwy z oliwek
- 4 kotlety schabowe
- 1 żółta cebula, posiekana
- 1 łyżka chili w proszku
- 1 szklanka mleka kokosowego
- ¼ szklanki kolendry, posiekanej

Wskazówki:
1. Rozgrzej patelnię z olejem na średnim ogniu, dodaj cebulę i chili w proszku, wymieszaj i smaż przez 5 minut.
2. Dodaj kotlety wieprzowe i smaż je przez 2 minuty z każdej strony.
3. Dodać mleko kokosowe, wymieszać, doprowadzić do wrzenia i gotować na średnim ogniu jeszcze przez 11 minut.
4. Dodać kolendrę, wymieszać, rozłożyć wszystko do miseczek i podawać.

Odżywianie: kalorie 310, tłuszcz 8, błonnik 6, węglowodany 16,7, białko 22,1

Mieszanka wieprzowa z brzoskwiniami

Czas przygotowania: 10 minut
Czas gotowania: 25 minut
Porcje: 4

Składniki:
- 2 funty polędwicy wieprzowej, z grubsza pokrojonej w kostkę
- 2 brzoskwinie, usunąć pestki i pokroić na ćwiartki
- ¼ łyżeczki cebuli w proszku
- 2 łyżki oliwy z oliwek
- ¼ łyżeczki wędzonej papryki
- ¼ szklanki bulionu warzywnego o niskiej zawartości sodu
- Czarny pieprz do smaku

Wskazówki:
1. Rozgrzej patelnię z olejem na średnim ogniu, dodaj mięso, wymieszaj i smaż przez 10 minut.
2. Dodać brzoskwinie i pozostałe składniki, wymieszać, doprowadzić do wrzenia i gotować na średnim ogniu jeszcze przez 15 minut.
3. Podziel całą mieszankę między talerze i podawaj.

Odżywianie: kalorie 290, tłuszcz 11,8, błonnik 5,4, węglowodany 13,7, białko 24

Jagnięcina Kakaowa I Rzodkiewki

Czas przygotowania: 10 minut
Czas gotowania: 35 minut
Porcje: 4

Składniki:
- ½ szklanki bulionu warzywnego o niskiej zawartości sodu
- 1 funt gulaszu jagnięcego, pokrojonego w kostkę
- 1 szklanka rzodkiewek, pokrojonych w kostkę
- 1 łyżka kakao w proszku
- Czarny pieprz do smaku
- 1 żółta cebula, posiekana
- 1 łyżka oliwy z oliwek
- 2 ząbki czosnku, posiekane
- 1 łyżka natki pietruszki, posiekanej

Wskazówki:
1. Rozgrzej patelnię z olejem na średnim ogniu, dodaj cebulę i czosnek, wymieszaj i smaż przez 5 minut.
2. Dodaj mięso, wymieszaj i smaż przez 2 minuty z każdej strony.
3. Dodać bulion i pozostałe składniki, wymieszać, doprowadzić do wrzenia i gotować na średnim ogniu jeszcze przez 25 minut.
4. Podziel wszystko na talerze i podawaj.

Odżywianie: kalorie 340, tłuszcz 12,4, błonnik 9,3, węglowodany 33,14, białko 20

Cytrynowa wieprzowina i karczochy

Czas przygotowania: 10 minut
Czas gotowania: 25 minut
Porcje: 4

Składniki:
- 2 funty gulaszu wieprzowego, pokrojonego w paski
- 2 łyżki oleju z awokado
- 1 łyżka soku z cytryny
- 1 łyżka skórki z cytryny, startej
- 1 szklanka karczochów z puszki, odsączonych i pokrojonych na ćwiartki
- 1 czerwona cebula, posiekana
- 2 ząbki czosnku, posiekane
- ½ łyżeczki chili w proszku
- Czarny pieprz do smaku
- 1 łyżeczka słodkiej papryki
- 1 jalapeño, posiekane
- ¼ szklanki bulionu warzywnego o niskiej zawartości sodu
- ¼ szklanki rozmarynu, posiekanego

Wskazówki:
1. Rozgrzej patelnię z olejem na średnim ogniu, dodaj cebulę i czosnek, wymieszaj i smaż przez 4 minuty.
2. Dodaj mięso, karczochy, chili w proszku, jalapeno i paprykę, wymieszaj i gotuj jeszcze przez 6 minut.
3. Dodać pozostałe składniki, wymieszać, doprowadzić do wrzenia i gotować na średnim ogniu jeszcze 15 minut.
4. Całość rozlej do miseczek i podawaj.

Odżywianie: kalorie 350, tłuszcz 12, błonnik 4,3, węglowodany 35,7, białko 14,5

Wieprzowina Z Sosem Kolendrowym

Czas przygotowania: 10 minut
Czas gotowania: 20 minut
Porcje: 4

Składniki:

- 2 funty gulaszu wieprzowego, z grubsza pokrojonego w kostkę
- 1 szklanka liści kolendry
- 4 łyżki oliwy z oliwek
- 1 łyżka orzeszków piniowych
- 1 łyżka beztłuszczowego parmezanu, startego
- 1 łyżka soku z cytryny
- 1 łyżeczka chili w proszku
- Czarny pieprz do smaku

Wskazówki:

1. W blenderze połącz kolendrę z orzeszkami piniowymi, 3 łyżkami oleju, parmezanem i sokiem z cytryny i dobrze zmiksuj.
2. Rozgrzej patelnię z pozostałym olejem na średnim ogniu, dodaj mięso, chili w proszku i czarny pieprz, wymieszaj i smaż przez 5 minut.
3. Dodaj sos kolendrowy i gotuj na średnim ogniu przez kolejne 15 minut, od czasu do czasu mieszając.
4. Podziel wieprzowinę między talerze i podawaj od razu.

Odżywianie: kalorie 270, tłuszcz 6,6, błonnik 7, węglowodany 12,6, białko 22,4

Wieprzowina Z Mango Mix

Czas przygotowania: 10 minut
Czas gotowania: 25 minut
Porcje: 4

Składniki:
- 2 szalotki, posiekane
- 2 łyżki oleju z awokado
- 1 funt gulaszu wieprzowego, pokrojonego w kostkę
- 1 mango, obrane i pokrojone w grubszą kostkę
- 2 ząbki czosnku, posiekane
- 1 szklanka pomidorów i posiekanych
- Czarny pieprz do smaku
- ½ szklanki bazylii, posiekanej

Wskazówki:
1. Rozgrzej patelnię z olejem na średnim ogniu, dodaj szalotki i czosnek, wymieszaj i smaż przez 5 minut.
2. Dodać mięso, wymieszać i smażyć jeszcze 5 minut.
3. Dodać pozostałe składniki, wymieszać, doprowadzić do wrzenia i gotować na średnim ogniu jeszcze 15 minut.
4. Rozłóż mieszankę do miseczek i podawaj.

Odżywianie: kalorie 361, tłuszcz 11, błonnik 5,1, węglowodany 16,8, białko 22

Wieprzowina z rozmarynem i słodkie ziemniaki z cytryną

Czas przygotowania: 10 minut
Czas gotowania: 35 minut
Porcje: 4

Składniki:
- 1 czerwona cebula, pokrojona w ósemki
- 2 słodkie ziemniaki, obrane i pokrojone w ósemki
- 4 kotlety schabowe
- 1 łyżka rozmarynu, posiekanego
- 1 łyżka soku z cytryny
- 2 łyżeczki oliwy z oliwek
- Czarny pieprz do smaku
- 2 łyżeczki tymianku, posiekanego
- ½ szklanki bulionu warzywnego o niskiej zawartości sodu

Wskazówki:
1. Na brytfannie połącz kotlety wieprzowe z ziemniakami, cebulą i pozostałymi składnikami i delikatnie wymieszaj.
2. Piecz w temperaturze 400 stopni F przez 35 minut, podziel wszystko na talerze i podawaj.

Odżywianie: kalorie 410, tłuszcz 14,7, błonnik 14,2, węglowodany 15,3, białko 33,4

Wieprzowina Z Ciecierzycą

Czas przygotowania: 10 minut
Czas gotowania: 25 minut
Porcje: 4

Składniki:
- 1 funt gulaszu wieprzowego, pokrojonego w kostkę
- 1 szklanka ciecierzycy z puszki, bez dodatku soli, odsączonej
- 1 żółta cebula, posiekana
- 1 łyżka oliwy z oliwek
- Czarny pieprz do smaku
- 10 uncji pomidorów w puszkach, bez dodatku soli i posiekanych
- 2 łyżki kolendry, posiekanej

Wskazówki:
1. Rozgrzej patelnię z olejem na średnim ogniu, dodaj cebulę, wymieszaj i smaż przez 5 minut.
2. Dodać mięso, wymieszać i smażyć jeszcze 5 minut.
3. Dodać pozostałe składniki, wymieszać, dusić na średnim ogniu przez 15 minut, wszystko rozłożyć do miseczek i podawać.

Odżywianie: kalorie 476, tłuszcz 17,6, błonnik 10,2, węglowodany 35,7, białko 43,8

Kotleciki jagnięce z jarmużem

Czas przygotowania: 10 minut
Czas gotowania: 35 minut
Porcje: 4

Składniki:
- 1 szklanka jarmużu, porwana
- 1 funtowe kotlety jagnięce
- ½ szklanki bulionu warzywnego o niskiej zawartości sodu
- 2 łyżki koncentratu pomidorowego o niskiej zawartości sodu
- 1 żółta cebula, pokrojona w plasterki
- 1 łyżka oliwy z oliwek
- Szczypta czarnego pieprzu

Wskazówki:
1. Nasmaruj olejem brytfannę, ułóż w niej kotlety jagnięce, dodaj jarmuż i pozostałe składniki i delikatnie wymieszaj.
2. Piecz wszystko w temperaturze 390 stopni F przez 35 minut, podziel na talerze i podawaj.

Odżywianie: kalorie 275, tłuszcz 11,8, błonnik 1,4, węglowodany 7,3, białko 33,6

Jagnięcina Chili

Czas przygotowania: 10 minut
Czas gotowania: 45 minut
Porcje: 4

Składniki:
- 2 funty gulaszu jagnięcego, pokrojone w kostkę
- 1 łyżka oleju z awokado
- 1 łyżeczka chili w proszku
- 1 łyżeczka ostrej papryki
- 2 czerwone cebule, grubo posiekane
- 1 szklanka bulionu warzywnego o niskiej zawartości sodu
- ½ szklanki niskosodowego sosu pomidorowego
- 1 łyżka kolendry, posiekanej

Wskazówki:
1. Rozgrzej garnek z olejem na średnim ogniu, dodaj cebulę i mięso, smaż przez 10 minut.
2. Dodaj chili w proszku i pozostałe składniki oprócz kolendry, wymieszaj, doprowadź do wrzenia i gotuj na średnim ogniu przez kolejne 35 minut.
3. Podziel mieszankę na miseczki i podawaj z kolendrą posypaną na wierzchu.

Odżywianie: kalorie 463, tłuszcz 17,3, błonnik 2,3, węglowodany 8,4, białko 65,1

Wieprzowina Z Paprykowym Porem

Czas przygotowania: 10 minut
Czas gotowania: 45 minut
Porcje: 4

Składniki:
- 2 funty gulaszu wieprzowego, z grubsza pokrojonego w kostkę
- 2 pory, pokrojone w plasterki
- 2 łyżki oliwy z oliwek
- 2 ząbki czosnku, posiekane
- 1 łyżeczka słodkiej papryki
- 1 łyżka natki pietruszki, posiekanej
- 1 szklanka bulionu warzywnego o niskiej zawartości sodu
- Czarny pieprz do smaku

Wskazówki:
1. Rozgrzej patelnię z olejem na średnim ogniu, dodaj pory, czosnek i paprykę, wymieszaj i smaż przez 10 minut.
2. Dodać mięso i smażyć jeszcze 5 minut.
3. Dodaj pozostałe składniki, wymieszaj, gotuj na średnim ogniu przez 30 minut, przełóż wszystko do miseczek i podawaj.

Odżywianie: kalorie 577, tłuszcz 29,1, błonnik 1,3, węglowodany 8,2, białko 67,5

Kotlety Schabowe I Śnieżny Groszek

Czas przygotowania: 10 minut
Czas gotowania: 25 minut
Porcje: 4

Składniki:
- 4 kotlety schabowe
- 2 łyżki oliwy z oliwek
- 2 szalotki, posiekane
- 1 szklanka groszku śnieżnego
- 1 szklanka bulionu warzywnego o niskiej zawartości sodu
- 2 łyżki koncentratu pomidorowego bez dodatku soli
- 1 łyżka natki pietruszki, posiekanej

Wskazówki:
1. Rozgrzej patelnię z olejem na średnim ogniu, dodaj szalotki, wymieszaj i smaż przez 5 minut.
2. Dodaj kotlety wieprzowe i smaż przez 2 minuty z każdej strony.
3. Dodać pozostałe składniki, doprowadzić do wrzenia i gotować na średnim ogniu przez 15 minut.
4. Podziel mieszankę między talerze i podawaj.

Odżywianie: kalorie 357, tłuszcz 27, błonnik 1,9, węglowodany 7,7, białko 20,7

Wieprzowina I Miętowa Kukurydza

Czas przygotowania: 10 minut
Czas gotowania: 1 godzina
Porcje: 4

Składniki:
- 4 kotlety schabowe
- 1 szklanka bulionu warzywnego o niskiej zawartości sodu
- 1 szklanka kukurydzy
- 1 łyżka posiekanej mięty
- 1 łyżeczka słodkiej papryki
- Czarny pieprz do smaku
- 1 łyżka oliwy z oliwek

Wskazówki:
1. Włóż kotlety wieprzowe do brytfanny, dodaj pozostałe składniki, wymieszaj, włóż do piekarnika i piecz w temperaturze 380 stopni F przez 1 godzinę.
2. Podziel wszystko na talerze i podawaj.

Odżywianie: kalorie 356, tłuszcz 14, błonnik 5,4, węglowodany 11,0, białko 1

Jagnięcina Koperkowa

Czas przygotowania: 10 minut
Czas gotowania: 25 minut
Porcje: 4

Składniki:
- Sok z 2 limonek
- 1 łyżka startej skórki z limonki
- 1 łyżka koperku, posiekanego
- 2 ząbki czosnku, posiekane
- 2 łyżki oliwy z oliwek
- 2 funty mięsa jagnięcego, pokrojonego w kostkę
- 1 szklanka kolendry, posiekanej
- Czarny pieprz do smaku

Wskazówki:
1. Rozgrzej patelnię z olejem na średnim ogniu, dodaj czosnek i mięso, smaż przez 4 minuty z każdej strony.
2. Dodaj sok z limonki i pozostałe składniki i gotuj jeszcze przez 15 minut, często mieszając.
3. Podziel wszystko na talerze i podawaj.

Odżywianie: kalorie 370, tłuszcz 11,7, błonnik 4,2, węglowodany 8,9, białko 20

Ziele angielskie kotlety wieprzowe i oliwki

Czas przygotowania: 10 minut
Czas gotowania: 35 minut
Porcje: 4

Składniki:
- 4 kotlety schabowe
- 2 łyżki oliwy z oliwek
- 1 szklanka oliwek kalamata, wypestkowanych i przekrojonych na pół
- 1 łyżeczka ziela angielskiego, mielonego
- ¼ szklanki mleka kokosowego
- 1 żółta cebula, posiekana
- 1 łyżka szczypiorku, posiekanego

Wskazówki:
1. Rozgrzej patelnię z olejem na średnim ogniu, dodaj cebulę i mięso i smaż przez 4 minuty z każdej strony.
2. Dodaj pozostałe składniki, delikatnie wymieszaj, włóż do piekarnika i piecz w temperaturze 390 stopni F jeszcze przez 25 minut.
3. Podziel wszystko na talerze i podawaj.

Odżywianie: kalorie 290, tłuszcz 10, błonnik 4,4, węglowodany 7,8, białko 22

Włoskie kotlety jagnięce

Czas przygotowania: 10 minut
Czas gotowania: 30 minut
Porcje: 4

Składniki:
- 4 kotlety jagnięce
- 1 łyżka oregano, posiekanego
- 1 łyżka oliwy z oliwek
- 1 żółta cebula, posiekana
- 2 łyżki niskotłuszczowego parmezanu, startego
- 1/3 szklanki bulionu warzywnego o niskiej zawartości sodu
- Czarny pieprz do smaku
- 1 łyżeczka włoskiej przyprawy

Wskazówki:
1. Rozgrzej patelnię z olejem na średnim ogniu, dodaj kotlety jagnięce i cebulę i smaż przez 4 minuty z każdej strony.
2. Dodaj pozostałe składniki oprócz sera i wymieszaj.
3. Posyp serem na wierzchu, włóż patelnię do piekarnika i piecz w temperaturze 350 stopni F przez 20 minut.
4. Podziel wszystko na talerze i podawaj.

Odżywianie: kalorie 280, tłuszcz 17, błonnik 5,5, węglowodany 11,2, białko 14

Ryż z wieprzowiną i oregano

Czas przygotowania: 10 minut
Czas gotowania: 35 minut
Porcje: 4

Składniki:
- 1 łyżka oliwy z oliwek
- 1 funt gulaszu wieprzowego, pokrojonego w kostkę
- 1 łyżka oregano, posiekanego
- 1 szklanka białego ryżu
- 2 szklanki bulionu z kurczaka o niskiej zawartości sodu
- Czarny pieprz do smaku
- 2 ząbki czosnku, posiekane
- Sok z ½ cytryny
- 1 łyżka kolendry, posiekanej

Wskazówki:
1. Rozgrzej garnek z olejem na średnim ogniu, dodaj mięso i czosnek i smaż przez 5 minut.
2. Dodać ryż, bulion i pozostałe składniki, doprowadzić do wrzenia i gotować na średnim ogniu przez 30 minut.
3. Podziel wszystko na talerze i podawaj.

Odżywianie: kalorie 330, tłuszcz 13, błonnik 5,2, węglowodany 13,4, białko 22,2

Klopsiki Wieprzowe

Czas przygotowania: 10 minut
Czas gotowania: 30 minut
Porcje: 4

Składniki:
- 3 łyżki mąki migdałowej
- 2 łyżki oleju z awokado
- 2 jajka, roztrzepane
- Czarny pieprz do smaku
- 2 funty wieprzowiny, mielonej
- 1 łyżka kolendry, posiekanej
- 10 uncji sosu pomidorowego z puszki, bez dodatku soli

Wskazówki:
1. W misce połączyć wieprzowinę z mąką i pozostałymi składnikami oprócz sosu i oleju, dobrze wymieszać i uformować z tej mieszanki średnie klopsiki.
2. Rozgrzej patelnię z olejem na średnim ogniu, włóż klopsiki i smaż przez 3 minuty z każdej strony. Dodaj sos, delikatnie wymieszaj, doprowadź do wrzenia i gotuj na średnim ogniu przez kolejne 20 minut.
3. Rozłóż wszystko do miseczek i podawaj.

Odżywianie: kalorie 332, tłuszcz 18, błonnik 4, węglowodany 14,3, białko 25

Wieprzowina i Endywia

Czas przygotowania: 10 minut
Czas gotowania: 35 minut
Porcje: 4

Składniki:
- 1 funt gulaszu wieprzowego, pokrojonego w kostkę
- 2 endywie, przycięte i posiekane
- 1 szklanka bulionu wołowego o niskiej zawartości sodu
- 1 łyżeczka chili w proszku
- Szczypta czarnego pieprzu
- 1 czerwona cebula, posiekana
- 1 łyżka oliwy z oliwek

Wskazówki:
1. Rozgrzej patelnię z olejem na średnim ogniu, dodaj cebulę i endywie, wymieszaj i smaż przez 5 minut.
2. Dodać mięso, wymieszać i smażyć jeszcze 5 minut.
3. Dodać pozostałe składniki, doprowadzić do wrzenia i gotować na średnim ogniu jeszcze przez 25 minut.
4. Podziel wszystko na talerze i podawaj.

Odżywianie: kalorie 330, tłuszcz 12,6, błonnik 4,2, węglowodany 10, białko 22

Wieprzowina I Szczypiorek Rzodkiew

Czas przygotowania: 10 minut
Czas gotowania: 35 minut
Porcje: 4

Składniki:
- 1 szklanka rzodkiewek, pokrojonych w kostkę
- 1 funt gulaszu wieprzowego, pokrojonego w kostkę
- 1 łyżka oliwy z oliwek
- 1 czerwona cebula, posiekana
- 1 szklanka pomidorów z puszki, bez dodatku soli, rozgniecionych
- 1 łyżka szczypiorku, posiekanego
- 2 ząbki czosnku, posiekane
- Czarny pieprz do smaku
- 1 łyżeczka octu balsamicznego

Wskazówki:
1. Rozgrzać patelnię z olejem na średnim ogniu, dodać cebulę i czosnek, wymieszać i smażyć przez 5 minut.
2. Dodaj mięso i smaż jeszcze przez 5 minut.
3. Dodać rzodkiewki i pozostałe składniki, doprowadzić do wrzenia i gotować na średnim ogniu jeszcze przez 25 minut.
4. Rozłóż wszystko do miseczek i podawaj.

Odżywianie: kalorie 274, tłuszcz 14, błonnik 3,5, węglowodany 14,8, białko 24,1

Miętowe Klopsiki I Szpinak Sauté

Czas przygotowania: 10 minut
Czas gotowania: 25 minut
Porcje: 4

Składniki:
- 1 funt gulaszu wieprzowego, mielonego
- 1 żółta cebula, posiekana
- 1 jajko, roztrzepane
- 1 łyżka posiekanej mięty
- Czarny pieprz do smaku
- 2 ząbki czosnku, posiekane
- 2 łyżki oliwy z oliwek
- 1 szklanka pomidorków koktajlowych, przekrojonych na pół
- 1 szklanka szpinaku baby
- ½ szklanki bulionu warzywnego o niskiej zawartości sodu

Wskazówki:
1. W misce połącz mięso z cebulą i pozostałymi składnikami oprócz oliwy, pomidorków koktajlowych i szpinaku, dobrze wymieszaj i uformuj z tej mieszanki średnie klopsiki.
2. Rozgrzej patelnię z oliwą z oliwek na średnim ogniu, włóż klopsiki i smaż je przez 5 minut z każdej strony.
3. Dodaj szpinak, pomidory i bulion, wymieszaj, gotuj wszystko przez 15 minut.
4. Rozłóż wszystko do miseczek i podawaj.

Odżywianie: kalorie 320, tłuszcz 13,4, błonnik 6, węglowodany 15,8, białko 12

Klopsiki I Sos Kokosowy

Czas przygotowania: 10 minut
Czas gotowania: 20 minut
Porcje: 4

Składniki:
- 2 funty wieprzowiny, mielonej
- Czarny pieprz do smaku
- ¾ szklanki mąki migdałowej
- 2 jajka, roztrzepane
- 1 łyżka natki pietruszki, posiekanej
- 2 czerwone cebule, posiekane
- 2 łyżki oliwy z oliwek
- ½ szklanki śmietanki kokosowej
- Czarny pieprz do smaku

Wskazówki:
1. W misce wymieszaj wieprzowinę z mąką migdałową i pozostałymi składnikami oprócz cebuli, oleju i śmietany, dobrze wymieszaj i uformuj z tej mieszanki średnie klopsiki.
2. Rozgrzej patelnię z olejem na średnim ogniu, dodaj cebulę, wymieszaj i smaż przez 5 minut.
3. Dodaj klopsiki i gotuj jeszcze przez 5 minut.
4. Dodać śmietankę kokosową, zagotować, wszystko gotować jeszcze 10 minut, rozłożyć do miseczek i podawać.

Odżywianie: kalorie 435, tłuszcz 23, błonnik 14, węglowodany 33,2, białko 12,65

Kurkuma Wieprzowina I Soczewica

Czas przygotowania: 10 minut
Czas gotowania: 25 minut
Porcje: 4

Składniki:
- 1 funt gulaszu wieprzowego, pokrojonego w kostkę
- ½ szklanki sosu pomidorowego, bez dodatku soli
- 1 żółta cebula, posiekana
- 2 łyżki oliwy z oliwek
- 1 szklanka soczewicy z puszki, bez dodatku soli, odsączonej
- 1 łyżeczka curry w proszku
- 1 łyżeczka kurkumy w proszku
- Czarny pieprz do smaku

Wskazówki:
1. Rozgrzej patelnię z olejem na średnim ogniu, dodaj cebulę i mięso, smaż przez 5 minut.
2. Dodaj sos i pozostałe składniki, wymieszaj, gotuj na średnim ogniu przez 20 minut, przełóż wszystko do miseczek i podawaj.

Odżywianie: kalorie 367, tłuszcz 23, błonnik 6,9, węglowodany 22,1, białko 22

Smażona Jagnięcina

Czas przygotowania: 10 minut
Czas gotowania: 25 minut
Porcje: 4

Składniki:
- 1 funt mięsa jagnięcego, mielonego
- 1 łyżka oleju z awokado
- 1 czerwona papryka, pokrojona w paski
- 1 czerwona cebula, pokrojona w plasterki
- 2 pomidory, pokrojone w kostkę
- 1 marchewka pokrojona w kostkę
- 2 bulwy kopru włoskiego, pokrojone
- Czarny pieprz do smaku
- 2 łyżki octu balsamicznego
- 1 łyżka kolendry, posiekanej

Wskazówki:
1. Rozgrzej patelnię z olejem na średnim ogniu, dodaj cebulę i mięso, smaż przez 5 minut.
2. Dodaj paprykę i pozostałe składniki, wymieszaj, gotuj na średnim ogniu jeszcze przez 20 minut, rozłóż do miseczek i od razu podawaj.

Odżywianie: kalorie 367, tłuszcz 14,3, błonnik 4,3, węglowodany 15,8, białko 16

Wieprzowina Z Burakami

Czas przygotowania: 10 minut
Czas gotowania: 30 minut
Porcje: 4

Składniki:
- 1 funt mięsa wieprzowego, pokrojonego w kostkę
- 2 małe buraki, obrane i pokrojone w kostkę
- 2 łyżki oliwy z oliwek
- 1 żółta cebula, posiekana
- 2 ząbki czosnku, posiekane
- Sól i czarny pieprz do smaku
- ½ szklanki śmietanki kokosowej.

Wskazówki:
1. Rozgrzać patelnię z olejem na średnim ogniu, dodać cebulę i czosnek, wymieszać i smażyć przez 5 minut.
2. Dodaj mięso i smaż jeszcze przez 5 minut.
3. Dodać pozostałe składniki, doprowadzić do wrzenia i gotować na średnim ogniu przez 20 minut.
4. Podziel mieszankę między talerze i podawaj.

Odżywianie: kalorie 311, tłuszcz 14,3, błonnik 4,5, węglowodany 15,2, białko 17

Jagnięcina I Kapusta

Czas przygotowania: 10 minut
Czas gotowania: 35 minut
Porcje: 4

Składniki:
- 2 łyżki oleju z awokado
- 1 funt mięsa z gulaszu jagnięcego, z grubsza pokrojonego w kostkę
- 1 główka zielonej kapusty, posiekana
- 1 szklanka pomidorów z puszki, bez dodatku soli, posiekanych
- 1 żółta cebula, posiekana
- 1 łyżeczka suszonego tymianku
- Czarny pieprz do smaku
- 2 ząbki czosnku, posiekane

1. **Wskazówki:**
2. Rozgrzej patelnię z olejem na średnim ogniu, dodaj cebulę i czosnek i smaż przez 5 minut.
3. Dodaj mięso i smaż przez kolejne 5 minut.
4. Dodać pozostałe składniki, wymieszać, doprowadzić do wrzenia i gotować na średnim ogniu jeszcze przez 25 minut.
5. Podziel wszystko na talerze i podawaj.

Odżywianie: kalorie 325, tłuszcz 11, błonnik 6,1, węglowodany 11,7, białko 16

Jagnięcina Z Kukurydzą I Okrą

Czas przygotowania: 10 minut
Czas gotowania: 30 minut
Porcje: 4

Składniki:
- 1 funt mięsa z gulaszu jagnięcego, z grubsza pokrojonego w kostkę
- 1 żółta cebula, posiekana
- 2 ząbki czosnku, posiekane
- 2 łyżki oleju z awokado
- 1 szklanka okry, posiekanej
- 1 szklanka kukurydzy
- 1 szklanka bulionu warzywnego o niskiej zawartości sodu
- 1 łyżka natki pietruszki, posiekanej

Wskazówki:
1. Rozgrzać patelnię z olejem na średnim ogniu, dodać cebulę i czosnek, wymieszać i smażyć przez 5 minut.
2. Dodać mięso, wymieszać i smażyć jeszcze 5 minut.
3. Dodać pozostałe składniki, wymieszać, doprowadzić do wrzenia i gotować na średnim ogniu przez 20 minut.
4. Rozłóż wszystko do miseczek i podawaj.

Odżywianie: kalorie 314, tłuszcz 12, błonnik 4,4, węglowodany 13,3, białko 17

www.ingramcontent.com/pod-product-compliance
Lightning Source LLC
Chambersburg PA
CBHW071425080526
44587CB00014B/1747